JN430612

나의 첫
바느질 책

나의 첫 바느질 책

1판 1쇄 인쇄 2016년 7월 21일
1판 1쇄 발행 2016년 7월 27일

지은이 송효은
펴낸이 정원정, 김자영
편집 홍현숙

디자인 나이스에이지
펴낸 곳 즐거운상상
주소 서울시 종로구 옥인 3길 6-4(상하그린빌 101호)
전화 02-706-9452
팩스 02-706-9458
전자우편 happywitches@naver.com
출판등록 2001년 5월 7일
인쇄 내일북

ISBN 979-11-5536-048-4 13630

나의 첫 바느질 책

sewing book

송효은 지음

패브릭 소품으로 꾸미는 내방 인테리어

즐거운상상

내 손으로 만들고
내 맘대로 꾸미고
내 방으로 놀러와

처음 바느질을 하고, 처음 재봉틀을 돌리던 때가 생각이 납니다. 뭘 어떻게 시작해야 할지 모르겠고 막막하기만 하던 때가 있었어요. 바느질을 처음 시작할 때는 어떤 재료를 사고 어떻게 만들어야 하는지 고민하게 되죠. 그래서 이 책에서는 간단한 재료들로 심플하고 예쁜 소품을 만들 수 있도록 고민해 보았습니다.

흥미를 갖고 무언가를 쉽게 만들어 본 경험이 바느질을 오래 할 수 있게 하는 힘인 것 같아요. 물론 조금 어려운 걸 만들어 냈을 때 맛보는 성취감은 정말 뿌듯하죠.

간단하게 원단 한 장만 있으면 복잡한 재료를 준비하지 않아도 드르륵 박아서 분위기를 바꿀 수 있어요. 어떤 프린트의 원단을 쓰느냐에 따라서도 많이 달라지거든요. 비용은 적게 들고 효과는 생각보다 좋답니다. 재단부터 박음질까지 쉽게 만들 수 있으니 걱정은 접어두고 시작해 보세요. 쉬운 것부터 차근차근 하다보면 나만의 느낌을 담아 조금은 어려운 아이템도 만들 수 있게 됩니다.

이 책에서 또하나 중점으로 둔 것은 패브릭으로 소품을 만들어 방을 꾸며보는 거예요. 전 어렸을 때 언니들이랑 방을 같이 써서 나중에는 꼭 나만의 방이 있었으면 했답니다. 이제 나의 방을 가진 지 꽤 오래 되었어요. 그동안 벽에 페인트칠도 해보고 선반도 달아보고 나만의 방을 가지고 싶어서 많은 시도를 해 보았어요. 만드는 것을 좋아하고 재봉틀도 가지고 있으니 당연히 패브릭 소품도 많이 만들어 보았답니다. 이 책에는 전에 만들어봤던 소품을 다시 만든 것도 있고, 책에 넣으려고 고민해서 만든 소품도 있어요. 홈카페, 작업실, 식당 등 여러 가지 콘셉트를 가지고 재미있게 만들어보았습니다.

손바느질이나, 재봉틀을 가지고 쿠션커버, 테이블클로스, 커튼 등을 원단을 바꾸어가며 계절별로 만들어 보고, 그 외에도 여러 가지 패브릭 소품을 만들어 자신만의 방을 꾸며 보세요. 바느질을 시작하려는 분들께 이 책이 도움이 되길 바랍니다.

마지막으로 여러 가지로 도움을 주신 가족들, 친구들, 펑거스 아카데미, 즐거운상상 출판사 분들께 감사를 전합니다.

송효은

CONTENTS

Part 1. 차근차근 처음 바느질

Step 1
티매트
024

Step 2
티매트 베리에이션
027

Step 3
파티 플래그
028

Step 4
자수틀 액자
030

Step 5
미니 어닝
033

Step 6
폼폼 테이블보
036

Step 7
키친 클로스
038

Step 8
미니 바스켓 백
041

Step 9
노란 방석
044

Step 10
카페 스타일 앞치마
047

Part 2. 바느질로 직접 꾸미는 사계절 내 방

Season 1 _ Spring 봄을 맞이하는 바느질러의 자세 ...052

Season 2 _ Summer 시원한 여름 만들기 ...058

Season 3 _ Fall 어느 가을 홈카페 ...066

Season 4 _ Winter 포근하고 행복한 겨울을 위하여 ...070

상자액자
074

스텐실 간판
078

펠트 메뉴판
080

가을 오너먼트
082

메리메리 전등갓
084

프롤로그 ···004+005 | 손바느질 ···010 | 재봉틀 ···013 | 도구 및 재료 ···018

원단 ···020 | 재단 ···023 | 스텐실 ···079+081 | 바이어스 ···102+103

줄리아 쉐프 인형
087

크리스마스 오너먼트
090

펠트 트레이
092

두루마리 휴지 파우치
094

**여름맞이
테이블 클로스**
096

시원한 무릎 덮개
098

스트라이프 러그
100

테이블 클로스
104

얼굴 모양 러그
106

포근포근 방석
108

계란프라이 쿠션
110

물방울 모양 쿠션
112

엉클조 쿠션
115

실내화
118

서랍장 가리개
121

책장 장식
124

화이트 도트 앞치마
126

커튼
130

패치워크 커튼
132

VIVA ELVIS

MY FAVORITE THINGS
HOTEL AFRICA

Part 1
차근차근
처음
바느질

난생 처음으로 바느질에 도전하나요?

자투리 천, 바늘, 실만 준비하면 누구나 쉽게 작품을 만들 수 있어요.

홈질이나 박음질로 손바느질해도 좋고

재봉틀로 간단한 직선박기를 해서 만들 수도 있어요.

재료와 도구에 대해 알아보고 쉬운 작품부터 차근차근 시작해보세요.

| 손바느질 |

홈질 : 가장 기본이 되는 바느질이다. 위로 한 땀, 아래로 한 땀을 연속해서 바느질한다. 원단을 이을 때나 스티치 장식을 할 때 쓴다.

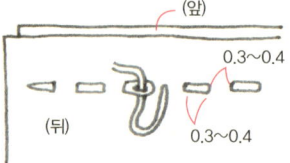

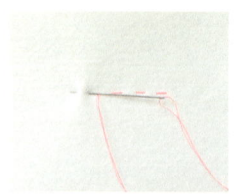

박음질 : 원단을 이을 때 사용하는 튼튼한 바느질이다. ①한 땀을 떠서 구멍에서 나왔을 때 ②다시 한 땀을 돌아가서 바느질하고 ③다음 구멍에서 나왔을 때 또 한 땀 돌아가서 바느질하기를 반복한다.

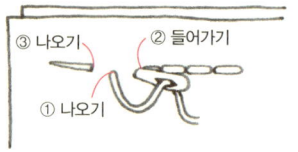

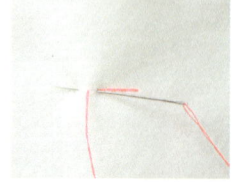

공그르기 + 매듭 숨기기 : 창구멍을 막을 때 사용하는 바느질이다. 바늘땀이 겉에서 보이지 않도록 땀을 시접 안쪽으로 뜨는 바느질이다.

1 창구멍의 한쪽 끝(A면)으로 바늘이 나온다.

2 바늘이 나온 위치(A면)에서 반대편 쪽 (B면) 시접 접힌 선을 한 땀 뜬다.

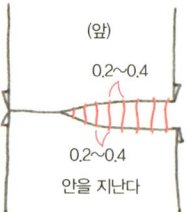

3 A면과 B면 시접 접힌 선을 한 땀씩 번갈아 뜨는 것을 반복한다.

4 실을 살짝 당겨주면 바늘 땀이 거의 보이지 않게 된다.

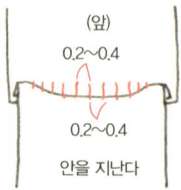

5 창구멍을 다 막았으면 매듭을 짓고 바로 근처에 바늘을 꽂아 원단 사이를 통과해 나온다.

6 실을 탁탁 당겨주면 매듭이 원단의 구멍으로 들어가면서 숨겨진다. 바깥쪽으로 나온 실은 바짝 잘라준다.

7 완성.

감침질 : 직물의 단을 처리하는데 쓰이는 바느질 방법이다.
여기에서는 원단의 올이 풀리지 않게 처리할 때 사용한다.

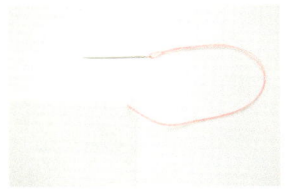 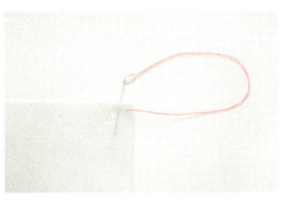 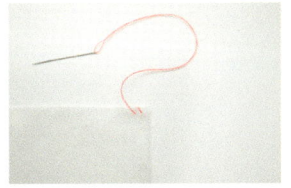

1 실에 매듭을 지어 원단의 뒤쪽에서 앞쪽으로 나온다.

2 다시 바늘을 원단의 뒤쪽에서 앞쪽으로 통과시켜 나온다.

3 반복한다.

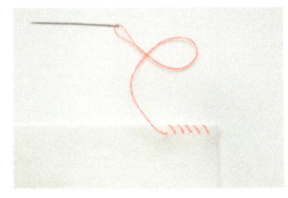 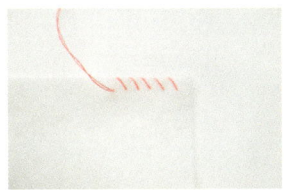 

3-1

3-2

3-3

버튼홀 스티치 : 단춧구멍을 만들 때 사용하는 바느질이다. 원단의 끝처리를 할 때, 아플리케 등에 폭넓게 사용한다. 이 책에서는 펠트 두 장을 연결할 때 사용한다.

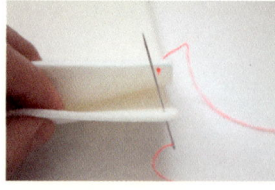

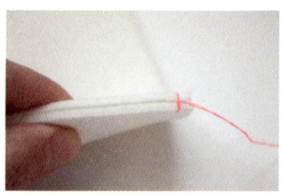

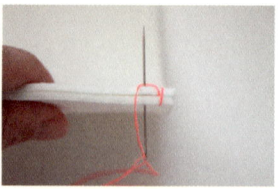

1 두 장의 원단을 겹쳐 잡는다. 한 장의 안쪽에서 매듭을 짓고 다른 한쪽으로 바늘을 통과시킨다.

2 실을 당기면 두 장의 사이에서 실이 나오는 모습이 된다.

3 두 장을 함께 찌른 후 실을 바늘을 축으로 시계 반대 방향으로 원을 그리듯 휘감아준 후 바늘을 뺀다.

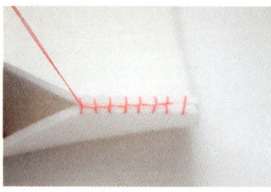

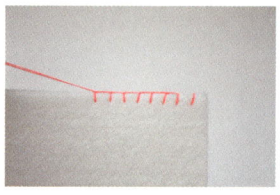

4 반복한다.

4-1 옆에서 본 모습

| 재봉틀 |

주요명칭

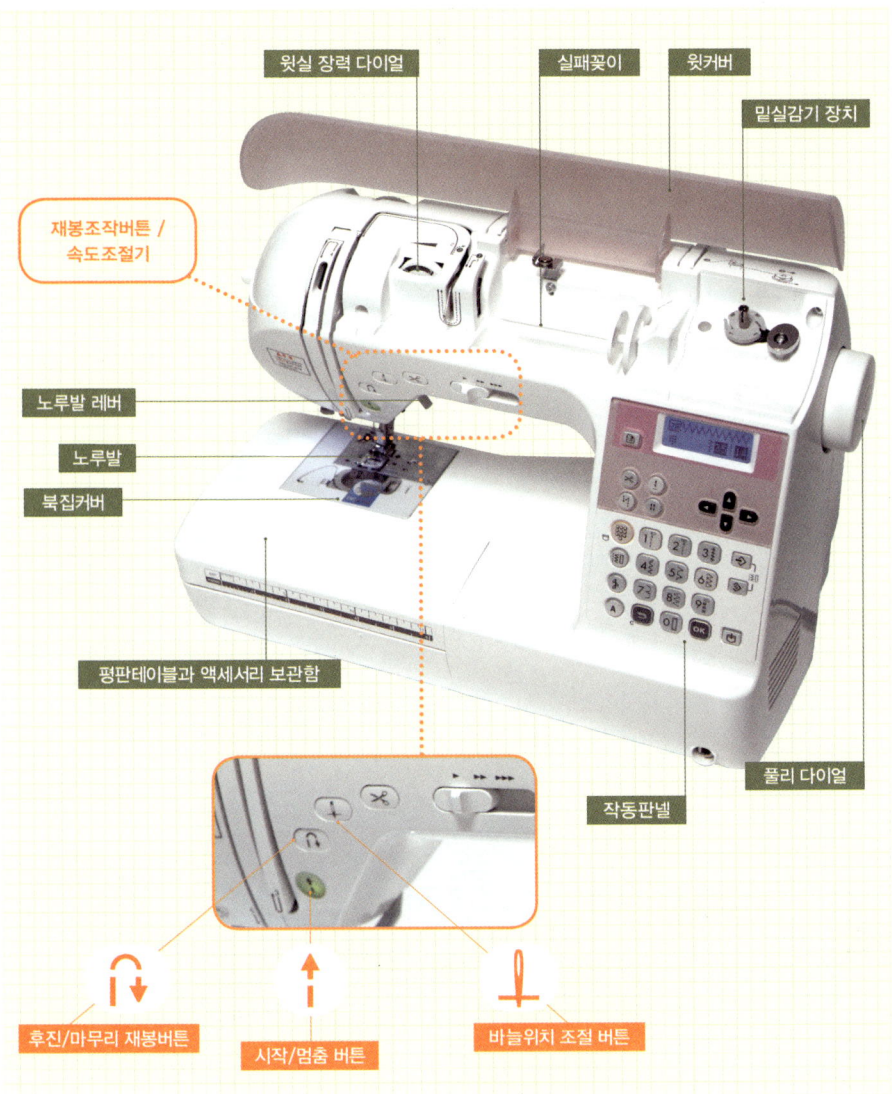

윗실 장력 다이얼

실패꽂이

윗커버

밑실감기 장치

재봉조작버튼 /
속도조절기

노루발 레버

노루발

북집커버

평판테이블과 액세서리 보관함

작동판넬

풀리 다이얼

후진/마무리 재봉버튼

시작/멈춤 버튼

바늘위치 조절 버튼

사용방법

노루발 교체

1 재봉 용도에 따라 노루발을 교체해야 한다. 풀리를 시계 반대 방향으로 돌려 바늘을 높이 올리고 노루발 레버를 올린다.

2 노루발 홀더 뒤의 튀어나온 부분을 누르면 노루발이 빠진다.

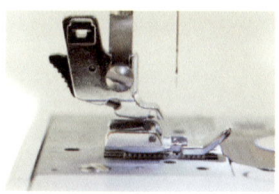

3 노루발을 끼울 때 노루발 홀더의 홈과 끼울 노루발의 바의 위치를 맞춘다.

4 노루발 레버를 내린다.

재봉 모양 바꾸기

재봉하고 싶은 모양으로 바꿀 때 원하는 모양의 버튼을 누른다. 직선박기, 지그재그, 단춧구멍 등을 많이 사용한다.

실토리에 실감기(밑실감기)

1 밑실감기축에 실토리를 끼우고 밑실감기축을 오른쪽으로 민다. 실패꽂이에 실패를 꽂는다.

2 표시된 곳을 따라 실을 끼운다.(재봉틀에 표시되어 있는 점선이 밑실을 감을 때 실 끼우는 순서다.)

2-1

3 실토리에 실이 풀리지 않도록 회전 방향으로 4~5회 정도 감고, 실을 밑실감기 아래축의 커터 사이로 통과시킨다.

4 발판을 밟아 실을 감는다. 모두 감기면 자동으로 작동이 멈춘다.

5 실을 자른다.

6 밑실감기축을 왼쪽으로 밀어 실토리를 빼낸다.

1 북집 투명커버를 열고 실토리를 넣
 는다.

2 오른손으로 실토리를 가볍게 누른 상
 태에서 실을 잡는다. 침판에 표시된
 화살표 방향을 따라 실을 걸어 끌어
 당기면 실이 끊어진다.

2-1

2-2

2-3

3 북집 커버를 닫는다.

1 노루발을 들고 바늘을 높이 올린 뒤
 실패꽂이에 실패를 꽂는다.

2 표시된 대로 실을 끼운다.(재봉틀에
 표시되어 있는 실선이 윗실 끼우는
 순서다)

2-1

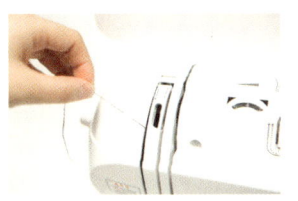

2-2

2-3

2-4

기본적인 재봉

① 직선 박기

1 노루발을 들고 바늘을 높이 올린다.
모서리 쪽에 원단을 둔다.

2 노루발을 내리고 바늘을 모서리에
맞춰 꽂는다. 발판을 밟아 박음질을
시작한다.

3 모서리가 가까워 왔을 때 발판에서
발을 뗀다. 모서리에 못 미쳤을 때는
풀리를 돌려(시계반대 방향) 모서리
까지 가서 바늘을 꽂는다.

② 방향 바꾸기

1 방향을 바꾸고자 하는 곳에서 재봉
을 멈추고 바늘은 모서리에 꽂는다.

2 노루발을 들고 바늘을 축으로 해서
원하는 방향으로 원단을 돌린다.

2-1

3 노루발을 내리고 재봉을 발판을 밟아
재봉을 시작한다.

3-1

③ 되돌아 박기

1 손바느질에서 시작할 때나 끝날 때 매듭을 짓듯이 재봉질을 할 때도 매듭을 지어야 한다.

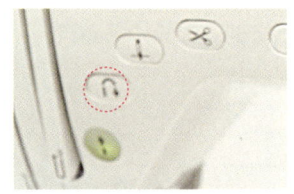

2 후진 재봉버튼을 이용해서 되돌아 박기를 하면 매듭처럼 마무리된다.

3 3땀 정도 간 다음 후진 재봉 버튼을 누른 채 발판을 밟아 다시 시작점으로 되돌아간다. 다시 발판을 밟아 박음질을 한다.

3-1 한 번 더 반복해도 좋다.

④ 지그재그 박기

1 지그재그 재봉 모양을 선택한다. 지그재그로 원단의 올이 풀리지 않도록 처리한다.

2 바늘이 한번은 원단을 찌르고, 한번은 빈 공간을 찌르도록 원단을 위치시킨다.

(빈공간 찌르는 모습)

TIP 지그재그의 처음과 끝을 마무리 짓고 싶다면 직선박기로 되돌아 박기하여 처음과 끝을 처리한다.

(원단 찌르는 모습)

| 도구 및 재료 |

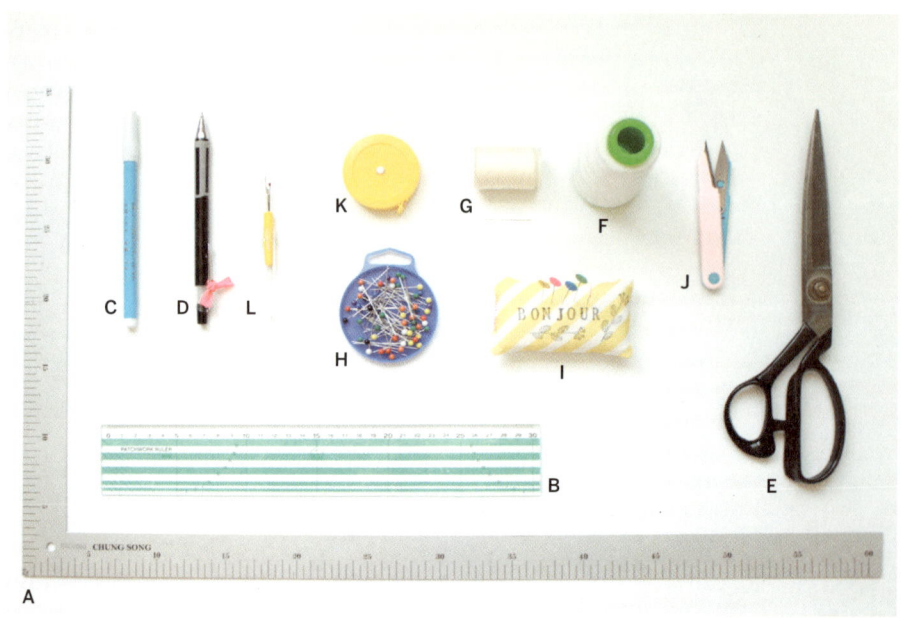

A. **직각자** : 원단에 직사각을 그릴 때 사용한다. 사각형을 틀어지지 않게 그리기 위해 꼭 필요하다.

B. **시접자** : 원단에 시접을 표시할 때 사용한다. 직각자의 보조자로도 사용한다.

C. **원단용 수성펜** : 원단에 완성선이나 재단선을 그릴 때 사용한다.

D. **0.7mm 샤프** : 재단선을 그릴 때 사용한다. 원단용 수성펜과 함께 사용한다.

E. **재단가위** : 원단을 자를 때 사용한다. 원단 외에 사용하지 않는 것이 좋다.

F. **재봉실** : 재봉할 때 사용한다.

G. **실과 바늘** : 손바느질에 사용한다.

H, I. **핀과 핀쿠션** : 핀쿠션은 핀을 꽂아두는 용도로 사용하며, 핀은 원단을 고정할 때 사용한다.

J. **쪽가위** : 실을 자를 때 사용한다.

K. **줄자** : 사이즈를 잴 때 사용한다.

L. **실뜯개** : 재봉을 잘못했을 때 실뜯개를 이용해 실을 뜯어내고, 단춧구멍을 낼 때 사용하기도 한다.

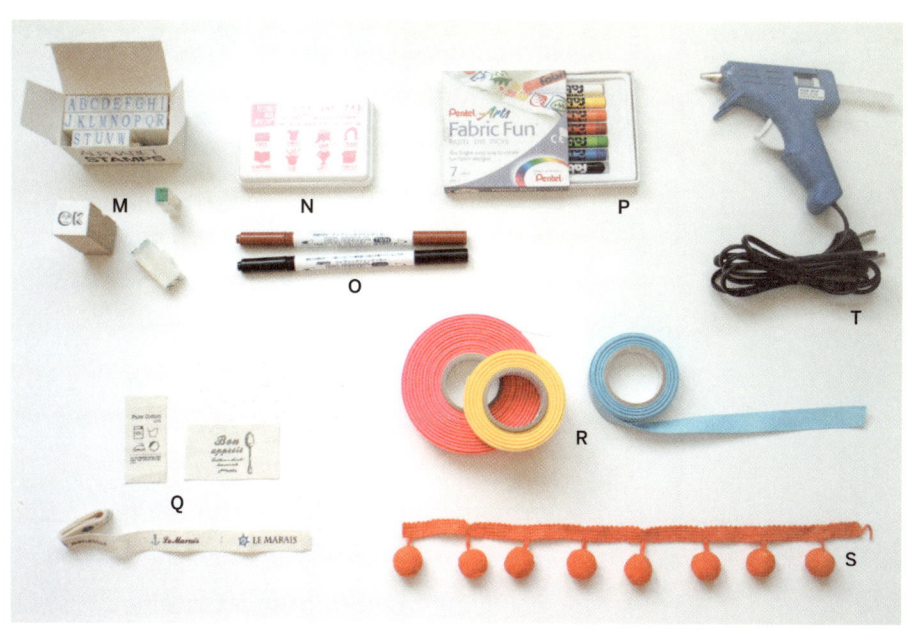

M. 스탬프 N. 패브릭용 잉크패드 : 원단이나 리본테이프에 모양을 찍을 때 사용한다.

O. 패브릭펜 P. 패브릭크래용 : 원단에 직접 그림을 그리거나 글씨를 쓸 때 사용한다.

Q. 라벨 : 장식할 때 사용한다.

R. 리본테이프 : 면, 리넨, 폴리 등 여러 가지 소재가 있다. 끈이나 고리, 장식 등에 사용한다.

S. 폼폼 레이스 : 끝단에 장식으로 사용한다.

T. 글루건 : 장식이나 재료 등을 붙일 때 사용한다.

원단

이 책에서 사용하거나 사용하면 좋을 원단에 대해 알아봅니다. 원단의 종류, 두께, 짜임 등에 대해 알면 원단 구입이 쉬워져요.

원단의 종류

면

리넨

펠트

인조 털원단

면직물 천연 섬유 중에서 가장 많이 사용하는 섬유로 수분의 흡수력이나 통기성이 좋다. 부드러우며 적당한 탄력성이 있고 세탁이 편해 여러 모로 좋다.

마직물 천연 섬유 중 하나로 마사로 짠 직물이다. 마섬유의 종류에 따라서 아마, 저마, 황마, 대마직물 등이 있다. 일반적으로 마직물은 내구성이 좋고 흡수성이나 통기성이 좋다. 물에 강하지만 잘 구겨지는 단점이 있다.

리넨 아마직물로 마 중에서 생산량이 가장 높은 섬유이다. 마의 일반적인 특성을 갖고 있으며, 여러 가지 용도로 사용된다. 퓨어리넨과 하프리넨으로 나뉜다.
· **퓨어리넨** : 순수한 100% 리넨이며, 다른 섬유와 혼방되지 않은 것으로, 리넨만의 특성을 그대로 가지고 있다.
· **하프리넨** : 다른 원단과 혼방된 리넨으로, 혼방 비율은 원단마다 다양하다. 퓨어리넨과 비교했을 때 마가 가진 단점은 보완하고, 혼방된 다른 원단이 가진 장점을 더한 원단이라고 할 수 있다. 세탁했을 때 수축하기 때문에 선세탁을 하는 것이 좋다.

펠트 섬유에 습기와 열을 가해 압축시킨 원단이다. 시접 처리가 필요 없어 사용하기 편리하다. 하지만 보풀이 잘 일어난다는 단점이 있다. 단점을 보완한 보풀방지 펠트도 있다.

인조 털원단 폴리에스터 등으로 만들어진 화학섬유로 벨보아, 덤블링 등 털의 길이에 따라 다르게 부른다. 가을이나 겨울 아이템을 만들 때 사용한다.

두께

원단의 두께를 나타낼 때 30수, 40수 하는 것을 들어보았을 것이다. 여기에서 말하는 '수(=번수)' 는 '실의 두께'를
나타내는 단위이다. 숫자가 클수록 실의 두께는 가늘어 진다.

두께 비교

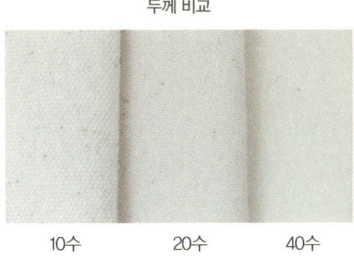

두꺼워짐
10수 캔버스면(두껍고 힘이 있는) 정도의 두께,

20수 옥스퍼드면 정도의 두께,

30수
침구나 잠옷 등을 만드는 원단 정도의 두께
40수

얇아짐
60수 아사(얇고 하늘거리는) 원단 정도의 두께를 말한다.

10수   20수   40수

원단이 두꺼워 모양이 잘 잡히는 것을 만들 때는 수가 낮은 원단을 사용하면 되고 그 반대일 때는 수가 높은 원단을
사용하면 된다.
두께를 어느 정도 알고 있어야 인터넷에서 원단을 구입할 때 원하는 느낌의 원단을 구입할 수 있다.

짜임

직물은 씨실과 날실이 직각을 이루면서 짜여진 것으로, 실의 교차 방법에 따라 평직 · 능직(트윌) · 수자직 등으로
분류된다. 직물의 짜임새는 옷감의 강도 · 촉감 등과 관련이 있다. 이 책에서는 기본적으로 평직이나 능직(트윌)으로
짜여진 면직물과 마직물을 주로 사용했다.

짜임 비교

평직 씨실과 날실이 각각 한올씩 번갈아 교차하여 만들어진 가장 기
본적인 조직이다. 튼튼하며 세탁이 용이하다.

능직 트윌이라고도 부른다. 씨실 또는 날실의 교차가 두올 이상이고
그에 따라 생긴 교차점이 사선의 무늬를 나타낸다. 직물 표면에 비스
듬한 방향으로 무늬가 나타난 조직이다. 광택이 있고 부드럽다. 세탁
이 쉽다.

평직   능직

선세탁

면직물이나 마직물 등은 세탁을 하게 되면 수축이 일어난다. 수축의 정도는 원단의 종류에 따라 조금씩 다른데, 면보다는 마가 수축률이 높다. 원단을 선세탁 하지 않고 아이템을 만들면 세탁 후 원단이 줄어들어 모양이 찌그러지거나 틀어질 수 있다. 선세탁을 하면 원단의 수축과, 틀어짐, 물빠짐 등을 미리 방지할 수 있다.

선세탁은 미온수에 중성세제를 풀어 1~2시간 정도 둔 뒤 손으로 주물주물하여 헹군 다음 적당히 물기를 빼고(심하게 쥐어짜게 되면 틀어질 수도 있다) 통풍이 잘 되는 그늘에서 말린다. 적당히 말랐을 때 다림질을 해야 구김이 잘 펴진다. 올이 성근 원단은 손세탁을 하는 것이 좋다. 진한색 원단이나 날염된 원단은 물이 빠질 수 있으므로 따로 세탁한다.

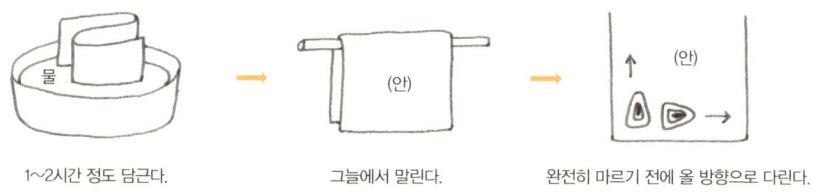

| 1~2시간 정도 담근다. | 그늘에서 말린다. | 완전히 마르기 전에 올 방향으로 다린다. |

염색

선염 원단을 만들기 전에 실을 염색해서 직조하는 방법이다. 선염은 후염(날염)에 비하여 균일한 염색이 가능하다. 원단의 앞면과 뒷면의 색이나 무늬에 차이가 거의 없다.

날염(나염) 원단을 직조한 다음 그 위에 염료 등을 찍어 다양한 색이나 무늬를 만들어 내는 방법이다. 원사의 직조 등에 구애받지 않고 자유로운 색채 표현이 가능하다.

염색 비교

선염   나염

원단의 방향

식서는 올이 풀리지 않게 짠 천의 가장자리 부분을 말하는데 그 방향이 식서 방향 또는 세로 방향이다. 천의 길이 방향인데, 1마, 2마 할 때 그 길이의 방향을 말한다. 식서의 직각 방향은 '푸서'라고 하며 원단의 폭을 말하며 가로 방향이라고 한다.

원단의 45도 방향은 '바이어스' 방향이라고 하며 잘 늘어나는 방향이다.

식서 방향은 잘 늘어나지 않고 푸서 방향은 조금 늘어나고 바이어스 방향은 잘 늘어나는 편이다. 따라서 원단의 곡선부분을 처리할 때 바이어스감으로 해주면 울지 않고 깔끔하게 마무리할 수 있다.

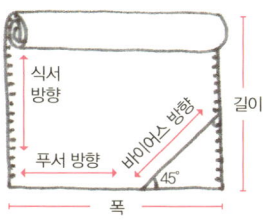

TIP 작은 아이템은 식서를 맞추지 않아도 늘어나는 비율이 적어 비교적 괜찮지만 큰 아이템을 만들 때나 옷을 만들 때는 식서를 맞추는 것이 좋다.

원단의 단위

원단의 길이
1마 = 1야드 ≒ 90cm (정확히는 91.44cm)
1마 2마 할 때 '마'는 보통 90cm를 말한다.

원단의 폭
원단의 폭은 110cm(44인치) 폭이 주로 많고, 그 외에도 다양하다.

원단 구입처

선퀼트 www.sunquilt.com
인패브릭 www.in-fabric.co.kr
어피스어데이 www.apieceaday.co.kr
심플소잉 www.simplesewing.co.kr
데일리라이크 www.dailylike.co.kr
네스홈 www.nesshome.com

재단

완성선 박음질을 하여 완성되었을 때 나오는 선
시접선(가위질선) 시접(시접은 바느질감을 서로 이을 때 필요한 부분이다.)을 그린 선으로 원단에서는 가위질을 하는 선이다. 완성되었을 때는 보이지 않는다.

본이 있을 때
부록에 있는 실물크기의 본 위에 모조지나 부직포 패턴지 등을 대고 베껴 그려서 사용한다. 원단 안쪽에 본을 움직이지 않도록 고정시키고(시침핀을 꽂거나 문진을 올려놓는다) 원단용 수성펜이나 초크로 완성선을 그린다. 본에는 시접이 포함되지 않으므로 시접이 들어갈 것을 생각하고 본을 배치하여 그린다. 본을 대고 완성선을 그린 후에 시접을 더해 시접선을 그린다.
****아이템에 따라 시접을 더하지 않고 본 그대로 재단하기도 한다.

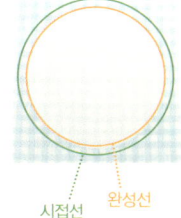
시접선   완성선

본이 없고 사이즈만 있을 때
원단 안쪽에 직각자를 이용해서 시접선을 그린다.
필요에 따라 그 안쪽으로 완성선(박음질 해야할 선)을 그린다.

티매트
Tea Mat

쓰임이 많고 만들기도 쉬운 티매트를 만들어 볼까요?
창구멍을 남기고 박음질한 다음 뒤집어 테두리를 박으면 간단하게 완성할 수 있어요.
여름에는 찬 음료를 담은 컵 주변에 생기는 물을 흡수해서 고맙고
겨울엔 따뜻한 느낌이 들어 좋은 아이템입니다.
여러 개 만들어두고 계절별로 기분에 따라 사용해보세요.

재료준비
스탬핑한 라벨, 원단

재단하기
앞판 – 16×16cm 스트라이프면
뒤판 – 16×16cm 화이트컬러면

만들기

1. 라벨을 반 접고 앞판의 옆쪽에 홈질로 바느질해 고정한다.
2. 티매트 원단의 앞판과 뒤판을 겉끼리 마주보도록 한다.

TIP 라벨에 스탬핑하기 어려우면 인쇄 되어있는 라벨을 구입해도 됩니다. 라벨 없이 깔끔하게 만드는 것도 상관 없으니 원단만 준비해 도전해 보세요.

TIP 스탬핑
① 천에 선명하게 찍히는 패브릭 잉크를 사용합니다.
② 다림질로 열을 가하면 세탁 후에도 지워지지 않아요.
③ 스탬프는 기성품을 구입하거나 지우개에 원하는 그림이나 문구를 파서 만들 수도 있어요.

1

1-1

2

3. 겉끼리 마주한 원단을 시접 1cm를 남기고 박음질하는데 창구멍 5cm를 남긴다.

4. 네 모서리의 시접을 박음질한 선에서 2~3mm 남기고 사선으로 잘라낸다.

5. 창구멍으로 뒤집고 모서리를 정리한 후 다림질한다. 창구멍의 시접도 안으로 잘 접어넣고 다림질한다.

6. 티매트 가장자리에서 2mm 안쪽으로 테두리를 박음질한다. 박으면서 창구멍도 막으면 완성. 손바느질로 마무리할 경우 테두리 박음질은 할 필요가 없으며 창구멍만 공그르기로 막으면 된다.

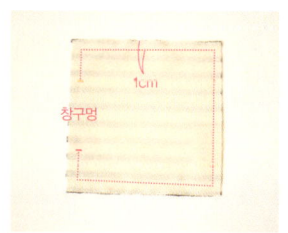

3

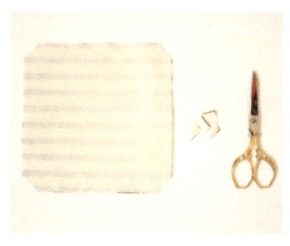

4

5

6

6-1

티매트 베리에이션
Tea Mat

재료준비
원단, 펠트, 리본테이프, 단추

재단하기
앞판 – 20×16cm 카키컬러면
뒤판 – 20×16cm 카키컬러면

실물크기 본 참조
부록에 있는 실물크기 본을 이용해 장식은 시접을 더하지 않고 재단한다. 몸판 원단은 재단 사이즈를 참고하거나 본을 이용한다면 시접 1cm를 더해 재단한다.

응용하기

1. 겉감에 리본과 단추, 펠트 등의 장식을 배치한다. 홈질로 달아준 다음,
   스탬핑을 하여 장식을 완성한다. 끈이 없다면 펠트를 이용해도 된다.
   티매트 윗부분 가운데에 고리용 끈도 달아준다.
2. 1의 장식을 마친 후, p25~26의 티매트 만들기 과정과 동일하게 박으면 완성.
3. 티매트 단체사진. 매일매일 기분에 따라 골라쓸 수 있다.

1   2   3

Step 3

파티 플래그
Party Flag

특별한 스킬이 필요없는 파티 플래그를 만들어 볼까요?
블랙 & 화이트 원단을 골라 자르고,
둥글게 자른 컬러 펠트를 바이어스 사이사이에 넣어 같이 바느질합니다.

재료준비
원단, 펠트, 바이어스

실물크기 본 참조
부록에 있는 실물크기 본을 이용하여
시접을 더하지 않고 그대로 재단한다.

재단하기
삼각형 모양으로 자른 원단들
원 모양으로 자른 펠트들 – 지름5cm
시중에 판매하는 접혀진 바이어스

만들기

1. 접혀진 바이어스 사이에 삼각형 모양으로 잘라둔 원단과 원 모양으로 자른 펠트를
   적절하게 끼워 넣는다.
2. 움직이지 않도록 시침핀으로 고정한 후에 접혀진 바이어스 끝을 박음질한다.
3. 창가나 벽면에 걸면 완성

1

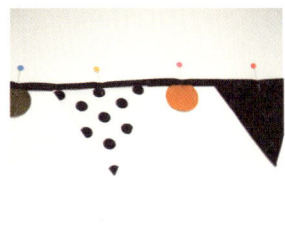

2

3

VIVA ELVIS

MY FAVORITE THINGS
HOTEL AFRICA

Step 4

자수틀 액자
Frame

심심한 벽에 포인트가 되는 자수틀 액자입니다.
글씨나 이미지를 전사지에 프린트한 다음 원단에 전사해 사용했어요.
파이팅 하자는 의미에서 예전 별명이었던 ELVIS를 넣어 만들어 보았습니다.

재료준비
자수틀 *1개
화이트 컬러 면
잉크젯 프린터에서 인쇄한 전사지

*자수틀은 100~300mm까지 다양한 사이즈가 있다. 여기서는 135mm 자수틀 사용.

만들기

1. 인쇄한 전사지에서 필요한 부분을 잘라낸다. 수틀의 사이즈 보다 조금 더 여유를 주고 잘라낸다.
2. 인쇄된 면을 원단의 겉과 마주보도록 올리고 천을 한 겹 덮어 예열한 다리미로 눌러준다.

▶TIP 전사는 인쇄한 용지를 뒤집어 다림질하기 때문에 인쇄할 때 이미지나 글씨를 수평 반전시켜 인쇄해야합니다.

1

2

2-1

3. 다리미 열을 식힌 후 전사지를 천천히 떼어낸다.
4. 수틀에 전사된 천을 끼운다. 이때 천을 잡아당겨 평평하게 고
   정한다. 수틀에 끼운 천은 모서리를 둥글게 잘라낸 후 가장자
   리를 홈질하여 잡아당겨 정리한다.
5. 완성

3

3-1

4

4-1

4-2

5

미니 어닝
Mini Awning

작은 어닝을 달아 색다른 분위기를 내 보았어요.
현관이나 창문 위를 장식하거나 비를 피하기 위해 달기도 하는 어닝을 방안에 달아보았습니다.
재료와 만드는 법이 간단하지만 색다른 분위기를 연출할 수 있어서 좋아요.

재료준비
봉* 85cm 2개(지름 1.8cm. 다이소 구입)
원단
낚싯줄
압정

*나무봉, 플라스틱봉 등 어떤 봉이든 사용할 수 있다. 가늘어도 괜찮다. 봉이 무거우면 압정으로 고정할 수 없으니 가벼운 것을 준비할 것.

재단하기
82×55cm 스트라이프 면

만들기

1. 원단의 위쪽 면을 제외하고 나머지 3면을 1+1(1cm 접고 또 1cm 접어)로 박음질한다.(**1.** 1cm 접는다. **1-1.** 또 1cm 접는다. **1-2.** 1번에서 접은 선에서 테두리 쪽으로 1~2mm 들어가서 박음질한다. **1-3.** 1+1 완성)

1

1-1

1-2

1-3

2. 위쪽에 봉이 들어갈 터널을 만들기 위해 1+4(1cm 접고 또 4cm 접어)로 박음질한다.(2. 1cm 접는다. **2-1.** 또 4cm 접는다. **2-2.** 1번에서 접은 선에서 테두리 쪽으로 1~2mm 들어가서 박음질한다. **2-3.** 1+4 완성)

3. 가운데 봉이 들어갈 터널을 만들기 위해 원단을 안끼리 마주 보도록 접는다. 겹쳐지는 부분은 19cm이다. 접은선에서 4cm 내려와 박음질한다.

4. 위쪽과 가운데 터널에 봉을 끼운다.

5. 위쪽 봉과 아래쪽 봉을 위치와 높이 차이를 두고 천장에 낚싯줄과 압정을 이용해 매단다.

6. 완성

2

2-1

2-2

2-3

3

3-1

4

5

6

36

Step 6

폼폼 테이블보
Table Cloth

폼폼을 달아 귀여운 테이블보를 만들었어요.
사방을 접어 박음질하고 폼폼 장식만 달아주면 완성입니다.
테이블보다 조금 작은 사이즈로 만들었어요. 테두리에 단 폼폼이 포인트예요.

재료준비
원단
폼폼 – 동그란 부분이 2cm

재단하기
110×70cm 옐로우 도트 면

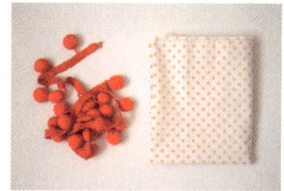

만들기

1. 테이블보의 가장자리를 1+1(1cm 접고 또 1cm 접어)로 박음
   질한다.(p33~35 미니 어닝 만들기 1+1 바느질 방법 참조)
2. 테이블보 한쪽변(70cm쪽) 가장자리에 폼폼을 단다.
3. 완성

1

2

3

키친 클로스
Kitchen Cloth

주방에서 요모조모 쓰임이 많은 키친클로스. 테두리만 박음질하면 완성이에요.
스타일링을 위해 음식 아래나 접시 아래에 깔기도 하고, 과일이나 빵 등을 덮어두기도 하고,
설거지하고 나서 젖은 손을 닦을 때도 쓰고, 젖은 그릇을 닦을 때도 사용합니다.
여러 가지 컬러와 패턴의 원단으로 클로스를 만들어두면 골라 쓰는 재미가 있어요.

재료준비
원단, 고리용 끈

재단하기
40×40cm 스트라이프 리넨
고리용끈 – 10×4cm 아이보리컬러 면

만들기

1. 키친 클로스 모서리에 달 고리용 끈을 만든다. 우선 가운데를
   중심으로 양변을 1cm씩 접고 중심선을 또 접는다.
2. 처음 1cm 접은 선에서 1~2mm 들어가서 박음질한다.

1

2

3. 키친클로스 가장자리를 0.5+0.5(0.5cm 접고 또 0.5cm 접어)로 박음질한다. (p.33~35 미니 어닝 만들기의 1+1 박음질 방법 참조.) 한쪽 모서리에는 고리용 끈을 끼운 채로 박는다. 끈을 바깥쪽으로 펼친 다음 겉에서 눌러 박음질한다.

4. 완성

3

3-1

4

Step 8

미니 바스켓 백
Mini Basket Bag

귀여운 장식을 단 미니 바스켓 백을 만들었어요. 커트러리 등을 넣는 용도로도 좋아요.
손잡이가 있기 때문에 걸어두고 작은 소품 등을 넣어 장식할 수도 있답니다.
미니 사이즈 가방을 만들었다면 중간 사이즈 가방 만들기에도 도전해 보세요.

재료준비
원단, 장식, 리본테이프

재단하기
원단 – 18×35cm (테두리를
오버록이나 지그재그 처리해 준비한다.)
장식들 – 체리 지름 3.5cm,
　　　　형광 연두 리본테이프 10cm
노란 리본테이프(끈용) – 22cm 2개

실물크기 본 참조
부록에 있는 실물크기 본을 이용
하여 장식은 시접을 더하지 않고
그대로 재단한다. 몸판 원단은 재
단하기 사이즈를 보고 재단한다.

TIP 체리 장식을 원단과 리본
테이프 대신 펠트로 해도 괜찮
아요.

만들기

1. 원단의 위쪽에서 5cm 정도 내려온 위치에 체리 모양으로 장식을 배치해 직선박기와
　 지그재그를 이용해 박음질한다.

1

2. 원단을 겉끼리 마주보도록 반 접고 양옆을 1cm로 박음질한다.
   옆선의 중심과 바닥선의 중심을 마주대고 바닥의 폭이 6cm가
   되도록 박음질한다. 마주댄 중심선의 직각방향으로 박음질을
   하는데 왼쪽 끝부터 오른쪽 끝까지의 길이가 6cm가 되는 위치를
   박음질한다.(3번 사진 참고)
3. 백의 입구부분 윗단을 1+2(1cm 접고 또 2cm 접어)로 접은 다음
   리본테이프를 끼워 넣은 후 박음질한다.
4. 겉이 보이도록 뒤집고, 리본테이프를 입구 쪽으로 올린 상태로
   윗단 끝쪽을 겉에서 박음질한다.(끝에서 1~2mm 들어가서)
   리본테이프도 같이 박음질한다.
5. 완성

2

3

4

5

Step 9

노란 방석
Yellow Sitting Cushion

지퍼를 달지 않는 쉬운 방법으로
심플한 방석을 만들었어요.
뭐라도 깔고 앉고 싶을 때 딱 좋은 방석입니다.

재료준비
원단, 방석속—50×50cm

재단하기
앞판 – 52×52cm 옐로 지그재그 옥스퍼드 면
뒤판 A – 52×35cm 무지 옥스퍼드 면
뒤판 B – 52×36cm 무지 옥스퍼드 면

만들기

1. 뒤판의 가운데쪽 변을 1+1(1cm 접고 또 1cm 접어)로 박음
   질한다.(p33~35 미니 어닝 만들기 1+1 박음질 방법 참조)

▶**TIP** 방석 커버를 만드는 방법으로
쿠션 커버도 만들 수 있어요. 방석속
대신 쿠션속을 넣으면 쿠션으로 변신
합니다.

1   1-1

2. 뒤판을 15cm 겹치고 앞판과 뒤판을 겉끼리 마주댄다. 가장자리 시접 1cm를 남기고 박음질한다. 테두리를 오버록이나 지그재그로 함께 처리한다.
3. 뒤집는다.
4. 완성

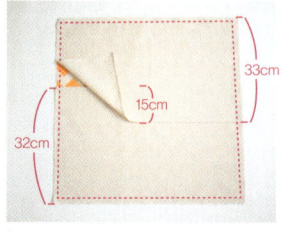

2

3

4

카페 스타일 앞치마
Mini Apron

영화나 드라마에 등장하는 쉐프들은 허리에 하는 앞치마를 많이 하더라고요.
저도 그런 앞치마를 만들어 착용하고, 요리를 만들어 봅니다.
몸판에 주머니와 허리끈만 달면 간단하게 만들 수 있어요.

재료준비
몸판 원단
주머니 원단
라벨
스탬핑한 면테이프

재단하기
몸판 – 70×35cm 스트라이프 면
주머니 – 14×14cm 옐로 도트 면
면테이프 – 너비 2.5cm 길이 220cm

만들기

1. 몸판의 테두리를 안쪽으로 1+1(1cm 접고 또 1cm 접어)로 박음질한다. (p.33~35 미니 어닝 만들기 1+1 박음질 방법 참조)

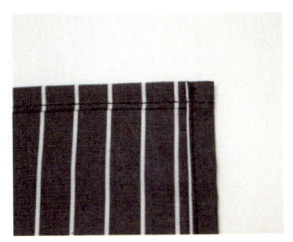

1

▶**TIP** 허리끈은 뒤에서 교차해 앞에서 묶으려고 한 것이라서 길이가 좀 길어요. 허리끈 길이는 착용하는 사람의 사이즈에 따라 변경하세요.

▶**TIP** 접어박기, 직선박기 등으로 간단하게 만들 수 있는 미니 에이프런입니다. 간단한 박음질로 쉐프 코스프레를 해 보면 요리 만드는 시간이 즐거워진답니다. 먹색바탕+흰색 스트라이프 원단에 주머니를 달고 글씨를 스탬핑한 끈을 달아 완성해 보았습니다.

2. 스탬핑한 끈을 몸판의 겉쪽에 대고 박음질한다.

3. 허리끈의 끝부분은 0.5+0.5(0.5cm 접고 또 0.5 cm 접어)로 박음질한다.(p.33~35 미니 어닝 만들기 1+1 박음질 방법 참조)

4. 앞치마에 달아줄 주머니는 원단의 위쪽을 1+1(1cm 접고 또 1cm 접어)로 박음질한다. 나머지 세 면은 원단 끝이 풀리지 않도록 지그재그나 오버록 처리한다. 처리한 3면을 안쪽으로 1cm씩 접어 다림질한다.

5. 앞치마 몸판에 주머니와 라벨의 위치를 잡고 박음질한다.

6. 완성

TIP 스탬핑

① 천에 선명하게 찍히는 패브릭 잉크를 사용합니다.

② 다림질로 열을 가하면 세탁 후에도 지워지지 않아요.

③ 스탬프는 기성품을 구입하거나 지우개에 원하는 그림이나 문구를 파서 만들 수도 있어요.

2

2-1

3

4

5

6

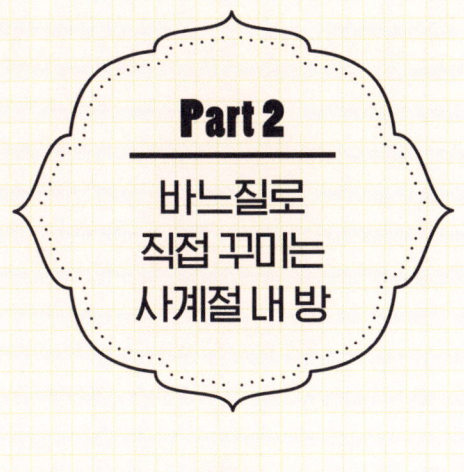

Part 2
바느질로
직접 꾸미는
사계절 내 방

차근차근 단계를 밟아 쉬운 바느질에 익숙해졌나요?

이제 나만의 개성을 담아 내 손으로 내 방을 꾸며볼까요?

약간의 아이디어만 있으면 근사한 홈카페나 레스토랑,

혹은 더 특별한 공간으로 변신할 수 있어요. 바로 시작해보세요.

Season 1

Spring

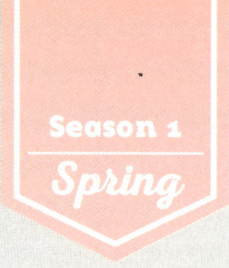

봄을 맞이하는 바느질러의 자세

봄이 되면 내 손으로 바느질해서 이곳저곳 꾸미느라 바느질러는 분주해집니다.
평범하지 않은 쿠션을 만들고 화사한 컬러의 테이블보도 준비하고
심심한 벽에 자수틀 액자도 걸어보세요.
따뜻한 봄 햇살 속으로 뛰어들 준비, 되셨나요?

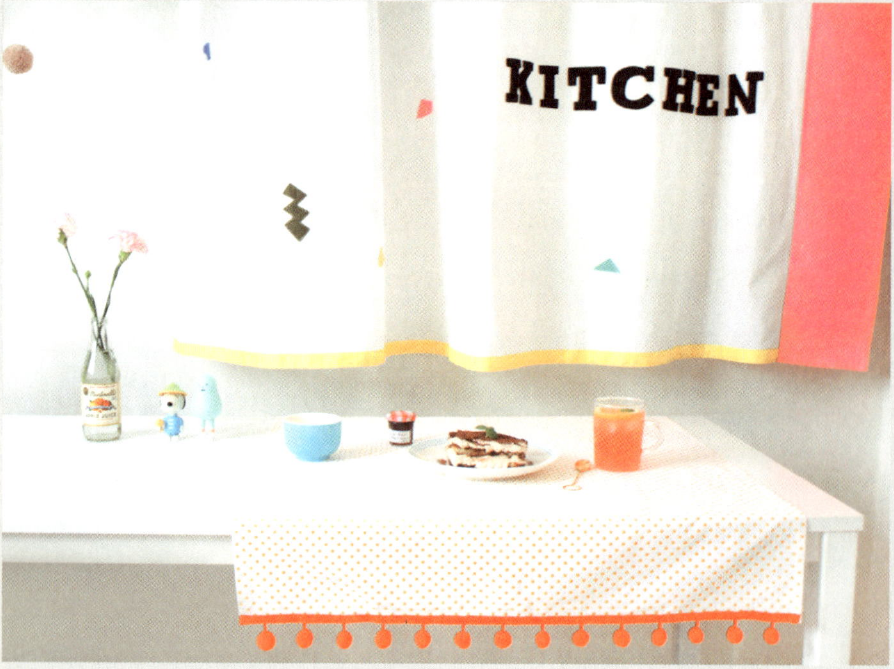

커튼과 폼폼 테이블보

커튼에 글씨와 작은 조각을 펠트로 장식해보았어요.
작은 사이즈로 만든 테이블보는 책상 한쪽에 깔아 사용합니다. 폼폼을 달아 발랄한 느낌이 들죠?
만드는 방법 : 커튼 p130~131 테이블보 p.36~37

VIVA
ELVIS

MY FAVORITE THINGS
HOTEL AFRICA

자수틀 액자와 엉클조 쿠션

좋아하는 문구를 원단에 전사해 자수틀 액자를 만들어 보았어요.
재미난 얼굴 표정의 쿠션에는 '엉클조'라는 이름을 붙여주었습니다.

만드는 방법 : 자수틀 액자 p.30~32 엉클조 쿠션 p.115~117

파티 플래그와 펠트 트레이
그리고 미니 어닝

도톰한 펠트로 만든 트레이에 티팟을 담아 마당에서 차 한 잔 마시면 좋을 것 같은 봄이에요.
간단하게 뚝딱 파티 플래그를 만들어 나무에 장식해 보았어요.
만드는 방법 : 파티 플래그 p.28~29 펠트 트레이 p.92~93 미니 어닝 p.33~35

Season 2

Summer

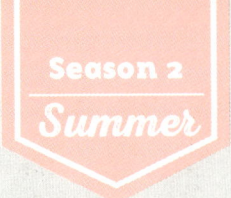

시원한 여름 만들기

싱그러운 여름날, 나들이 준비를 해 볼까요?
가까운 공원의 잔디밭, 앞마당 어디든 좋아요. 러그와 매트를 준비하고
간단한 먹거리만 준비하면 OK.
시원한 느낌으로 커튼도 바꿔 달고
앞치마와 쿠션도 만들어 기분 좋은 여름을 준비해봐요.

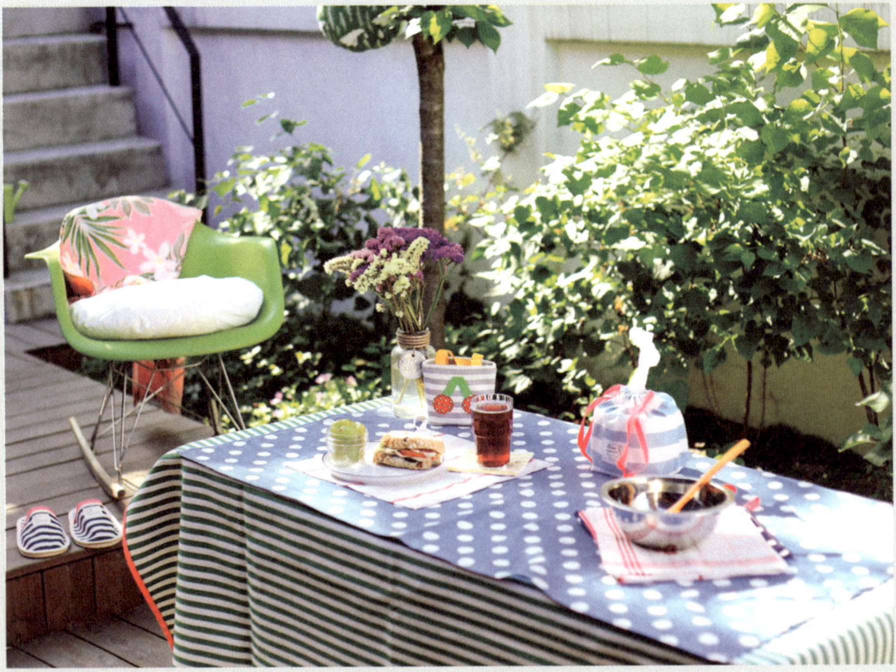

테이블 클로스 & 키친 클로스

시원하고 상큼한 물방울 무늬로 테이블 클로스를 만들었어요.
요모조모 쓰임이 많은 키친 클로스는
테이블 스타일링에 빼놓을 수 없는 아이템이에요.
과일이나 빵 등을 덮어두기에도 좋아요.
만드는 방법 : 테이블 클로스 p.96~97 키친 클로스 p.38~40

화이트 도트 앞치마 & 스트라이프 실내화

시원하고 산뜻한 느낌이 좋아 네이비 바탕에 화이트 도트 무늬 원단으로
앞치마를 만들어 보았어요. 앞치마 하나로 홈카페 느낌이 물씬 납니다.
스트라이프 원단으로 만든 실내화는 앞치마와 잘 어울립니다.
만드는 방법 : 화이트 도트 앞치마 p.126~129 스트라이프 실내화 p.118~120

계란 프라이 쿠션과 무릎 덮개

흰색 원단에 노랑체크로 노른자를 만들어 계란 모양 쿠션을 만들었어요.
계란 프라이를 베고 눕거나 끌어안고 있으면 왠지 웃겨요. 더운 여름이지만 실내에서
에어콘 바람이 차게 느껴질 때 무릎 덮개도 필요해요.
화사한 컬러를 무릎 위에 덮고 있으면 기분이 상쾌해집니다.
만드는 방법 : 계란 프라이 쿠션 p.110~111 무릎 덮개 p.98~99

두루마리 휴지 파우치 & 미니 바스켓 백

야외나 실내에서 유용한 바느질 소품을 만들어 보았어요.
작은 크기의 가방은 자잘한 물건을 넣기 좋아요. 체리 모양 장식을 포인트로 달아보니
귀엽게 잘 어울립니다. 두루마리 휴지에 옷을 입혀주었어요.
테이블 위에 두거나 끈을 걸어 사용해도 좋아요.
만드는 방법 : 미니 바스켓 백 p.41~43 두루마리 휴지 파우치 p.94~95

패치워크 커튼과 러그

'HYON's CAFE'라고 이름을 지어 커튼에 장식해 보았어요.
무게감 있는 스트라이프 캔버스 원단에 바이어스테이프만 둘러 러그를 만들었습니다.
테이블이나 바닥에 깔아도 되고 피크닉용으로도 좋은 다용도 러그입니다.
만드는 방법 : 패치워크 커튼 p.132~134 러그 p.100~101

Season 3

Fall

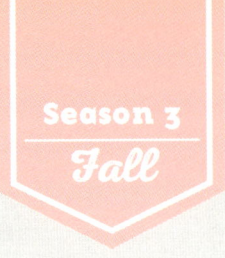

어느 가을 홈카페

향긋한 차 한잔 즐기기 좋은 계절 가을입니다. 내 방을 카페로 꾸민다면? 상상만으로도 즐겁습니다. 카페에 어울리는 앞치마와 메뉴판, 방석을 만들고, 액자와 오너먼트로 벽을 장식해요. 어렵지 않으니 같이 한번 꾸며 볼까요?

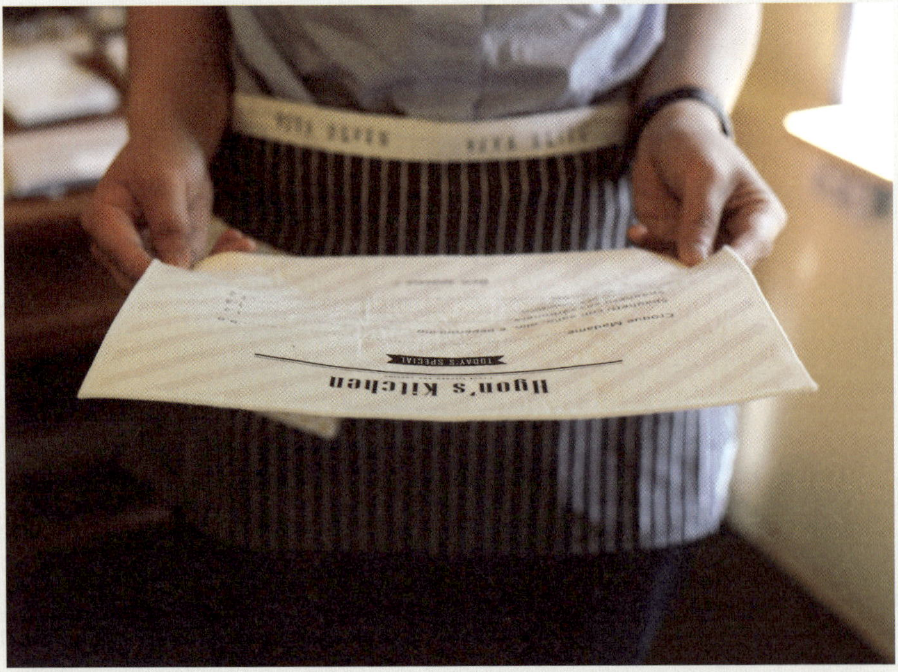

포근포근 방석

의자 위에 따뜻한 느낌의 방석을 올려두었어요. 브라운 컬러가 가을과 잘 어울립니다.
만드는 방법 : 포근포근 방석 p.108~109

카페 스타일 앞치마 & 펠트 메뉴판

심플한 카페 스타일 앞치마와 간단하게 전사해서 만들 수 있는 메뉴판입니다.
만드는 방법 : 카페 스타일 앞치마 p.47~49 펠트 메뉴판 p.80~81

NEW CULINARY
DISCOVERIES
CONTRIBUTE TO
HAPPINESS OF
MANKIND
THAN FOUND
THE STELLAR
EVER MORE

STRO VIVA ELVIS ✗ CHEF HYON

스텐실 간판 & 얼굴 모양 러그

비스트로 비바 엘비스의 쉐프는 나!
나의 식당을 상상하며 만들어본 패브릭 간판이에요.
카페나 숍에 어울리는 느낌을 내기 위해 원단에 스텐실로 글씨를 찍어 만들어 보았습니다.
털 원단으로 둥근 모양 러그를 만들고 펠트로 눈 코 입을 장식했더니
귀여운 얼굴이 되었네요.
만드는 방법 : 스텐실 간판 p.78~79 얼굴 모양 러그 p.106~107

Season 4

Winter

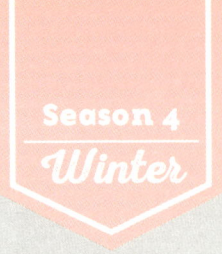

포근하고 행복한 겨울을 위하여

겨울 바람이 불어오면 행복한 상상이 시작됩니다.
첫눈, 크리스마스, 연말연시….
따뜻하고 아늑한 겨울을 맞기 위해 내 방안에 포근한 겨울을 초대해 볼까요?
바느질로 소곤소곤 만들어가는 겨울 이야기를 시작합니다.

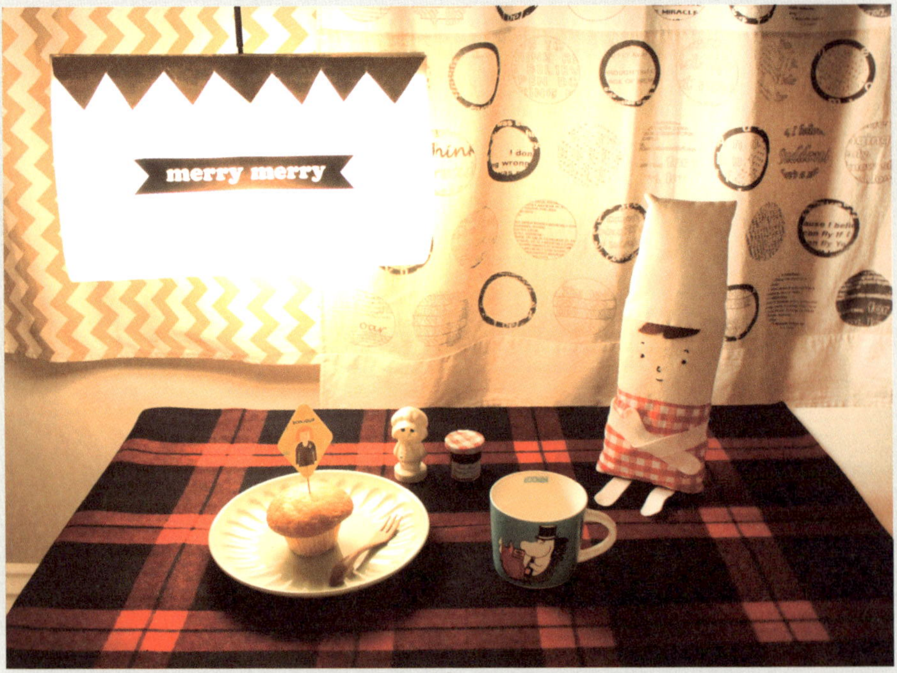

메리메리 전등갓과 테이블 클로스 & 줄리아 쉐프 인형

펠트로 따뜻한 분위기를 낼 수 있는 전등갓을 만들었어요.
방안에 은은한 조명 하나 밝히니 포근함이 배가 되었어요.
하얀 책상 위를 따뜻하게 만드는 테이블 클로스도 유용해요.
차갑게 느껴졌던 책상의 따뜻한 느낌이 좋아요. 요리사 인형 이름은 줄리아입니다.
파티할 일 많은 겨울입니다. 줄리아 쉐프, 요리를 부탁해~.

만드는 방법 : 메리메리 전등갓 p.84~86 테이블 클로스 p.104~105 줄리아 쉐프 인형 p.87~89

노란 방석과 서랍장 가리개 & 크리스마스 오너먼트

따뜻한 노랑 무늬 천으로 방석을 만들고 서랍 속을 가려줄 가리개를 만들었어요.
여러 가지 원단으로 트리 모양 오너먼트를 만들어 달았더니 옹기종기 귀엽습니다.
크리스마스가 기다려지네요.

만드는 방법 : 노란 방석 p.44~46 서랍장 가리개 p.121~123 크리스마스 오너먼트 p.90~91

상자 액자
Frame

심심한 벽에 빈 상자로 액자를 만들어 걸었어요.
상자를 원단으로 감싸고 패브릭 크레용으로 글씨를 써서 완성했습니다.
좋아하는 글을 써 액자로 만들어 걸면 좋아요.

재료준비
흰색 상자 *
상자를 감쌀 수 있을 정도의 원단 *
패브릭 크레용
딱풀
*여기서는 25×16×6cm 크기의 상자를 사용했다.
*원단은 42×38cm로 재단했다.

만들기

1. 패브릭 크레용으로 원단에 글씨를 쓴다. 미리 원단용 수성펜으로 밑글씨를 써놓으면 더 쉽게 쓸 수 있다.

2. 패브릭 크레용으로 쓴 글씨 위에 종이를 한 장 대고 고온으로 다림질을 한다. 묻어나오지 않을 때까지 다림질을 하면 된다. 그러면 세탁도 가능하다. 조심스럽게 종이를 떼어낸다.

TIP 직선 스트라이프 원단을 사선 방향으로 사용하고 싶다면 원단의 45도 방향으로 재단하면 됩니다. 45도 방향이 늘어나는 방향이므로 박음질할 때 주의해야 해요.

1

2

2-1

3. 상자 윗면에 꼼꼼하게 딱풀로 풀칠을 한다.
4. 상자에 원단을 배치해 감싸듯이 붙인다. 이때 주름이 지지 않도록 잘 펴가며 붙인다. 다른 면도 마찬가지로 풀을 바르고 원단 붙이기를 반복한다. 상자 모서리는 **4-1, 4-2**를 참조해 붙인다. 마지막으로 안쪽으로 잘 접어 넣어 붙이면 된다.
5. 완성

3

4

4-1

4-2

4-3

4-4

5

상자 안쪽을 이용해 액자를 만들 수도 있다.
안쪽 옆면까지 붙인 후에 원하는 글씨를 인쇄해 사이즈에 맞게 잘라 넣으면 완성.

1

2

3 완성

스텐실 간판
Stencil Sign

식당 비바엘비스. 저의 식당을 상상하며 만들어본 패브릭 간판이에요.
카페나 식당, 숍에 어울리는 느낌으로 원단에 스텐실로 글씨를 찍어보았습니다.
식당 비바엘비스에서 브런치 함께 하실래요?

재료준비
봉* 108cm 지름 2cm
스텐실한 원단
압정
낚싯줄

재단하기
108×32cm 리넨

*나무봉, 플라스틱봉 등 어떤 봉이든
사용할 수 있다. 가늘어도 괜찮다. 봉
이 무거우면 압정으로 고정할 수 없
으니 가벼운 것을 준비할 것.

만들기

1. 스텐실(p.79, 81 참조)한 원단의 아랫단과 양옆을 1+1(1cm 접
   고 또 1cm 접어)로 박음질한다.(p.33~35 미니 어닝 만들기
   1+1 박음질 방법 참조)

2. 윗단은 봉의 굵기를 고려해서 들어갈 너비로 접어 박음질
   한다. 여기서는 1+5(1cm 접고 또 5cm 접어)로 박음질했
   다.(p.33~35 미니 어닝 만들기 1+4 박음질 방법 참조)

TIP 수납장이 자질구레한 것들로 가
득해 지저분해 보인다면 가림막 등으
로 사용하면 좋을 것 같아요. 재미 있
는 것을 상상할 수 있는 가림막을 만
들면 지저분한 것을 가려줌과 동시에
상상하는 즐거움도 주겠죠.

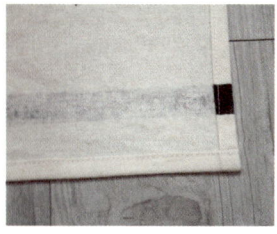

1

2

2-1

3. 봉을 끼워 넣는다.
4. 봉을 달 양쪽 위치에 압정을 꽂고 봉과 압정 사이에 낚싯줄을 연결해서 고정한다.
5. 완성

3

4

5

스텐실

스텐실은 글자나 그림 등을 그린 후 칼로 모양을 오려 낸 다음 물감을 넣어 찍어 내는 기법이다. 스텐실 방법에 대해 알아보자.

재료준비

스텐실 할 원단, 스텐실 필름, 스텐실 도안 (원하는 글씨나 글씨체를 인쇄해서 만든다), 패브릭용 염료, 스텐실 붓, 마스킹테이프

스텐실 하기

1. 도안을 먼저 커팅매트 위에 테이프로 고정한다. 스텐실 필름을 그 위에 올리고 고정한 다음 칼로 글씨부분을 파낸다.

*81페이지에 이어집니다.

펠트 메뉴판
Felt Menu

간단하게 만들 수 있는 메뉴판이에요.
전사지에 인쇄해서 아이보리 색 펠트에 전사만 하면 끝!
레스토랑의 테이블 위에 놓인 메뉴판처럼 매트를 만들어보았습니다.
만들 수 있는 요리 총동원입니다. 가격도 내 맘대로!

재료준비
펠트
전사지(잉크젯 전사용지에 원하는 글씨나 이미지를
수평반전시켜 인쇄해 준비한다.)

재단하기
30×22cm – 두께 2mm 아이보리 컬러 소프트 펠트

만들기

1. 펠트 위에 준비한 전사지의 인쇄된 면이 아래로 향하도록 마주댄다.
2. 다리미를 면 온도로 예열한 후 흰색 천을 한 겹 덮어 약 1분간 다림질을 한다.
3. 다리미 열을 식힌 후 모서리부터 전사지를 떼어낸다.

> **TIP** 전사는 인쇄한 용지를 뒤집어 다림질하기 때문에 인쇄할 때 이미지나 글씨를 수평반전시켜 인쇄해야 합니다.

1

3

4. 완성

4

4-1

*79페이지에서 계속

2. 마스킹 테이프를 이용해 칼로 파낸 필름을 원단에 붙이고 라인을 찍을 부분(완성한 걸 보면 글씨 위 아래에 라인을 스텐실 했다)의 양쪽에도 붙인다.

3. 물감을 붓 끝에 살짝 묻혀 글씨 부분에 두드리면서 찍어낸다. 붓에 물감을 살짝 묻히고, 너무 많이 묻었을땐 휴지로 닦아내고 한다.

4. 마스킹 테이프를 떼어낸다. 물감을 잘 말린 후 높은 온도로 다림질한다.

5. 완성

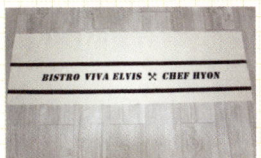

가을 오너먼트
Ornament

가을 소풍을 다녀오며 주워온 낙엽, 솔방울, 도토리, 열매 같은 것들로 장식을 만들어보았습니다.
이렇게 계절을 느낄 수 있는 자연물을 실에 엮어 걸어놓으면
계절의 정취를 방안에서도 느낄 수 있어서 좋아요.

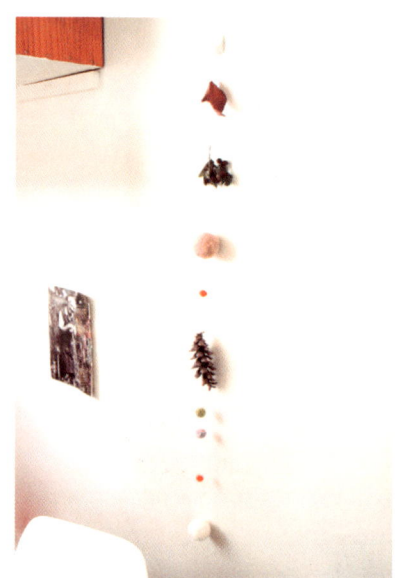 

재료준비
실(이불실이나 청바지실처럼 두꺼운 실)
바늘
다양한 크기와 색의 폼폼들
낙엽, 열매, 솔방울 등 계절을 느낄 수 있는 자연물

만들기

1. 실에 매듭을 굵게 짓는다.
2. 실에 폼폼을 하나씩 끼운다. 매듭을 짓지 않아도 흘러내리지
   않는다. 원하는 간격으로 배치하면서 끼운다.
3. 솔방울은 몸체에 실을 감아서 고정시킨다.
4. 열매는 윗부분 줄기에 실을 묶어주고, 낙엽은 바늘을 통과
   해 고정시킨다.
5. 완성

1

2

3

4

5

메리메리 전등갓
lampshade

전구에서 한 단계 통과해서 오는 빛이 부드럽고 좋을 것 같아 간단한 조명갓을 만들어보았어요.
펠트로 만든 거라 전구는 많이 뜨거워지지 않는 삼파장 전구를 사용했어요.

재료준비
펠트
전사지
벨크로테이프

실물크기 본 참조
부록에 있는 실물크기 본을 이용하여 시접을 더하지 않고 그대로 재단한다. 본이 1/2
이므로 1/2씩 옮겨가며 그린다.

재단하기
몸판 – 40×55cm 화이트 컬러 2mm 소프트 펠트
장식 – 40×6cm 골드 컬러 1mm 펠트
벨크로 – 너비 2.5cm 길이 40cm
전사한 부분 – 24×4cm

만들기

1. 흰색 펠트의 안쪽 양변에 벨크로테이프를 박음질로 고정한
   다. 벨크로테이프는 한쪽엔 부드러운 것, 다른 한쪽엔 거친
   것이 오도록 한다.

TIP 장식을 한쪽 면에만 했는데, 양
쪽을 다 해도 좋고, 전사지가 없다면
그냥 종이에 인쇄해 테이프 등으로
고정해도 괜찮아요. 한쪽 면은 종이
에 인쇄해서 붙였는데 그쪽이 글씨가
더 선명하게 잘 보이네요.

1

1-1

2. 골드색 펠트는 톱니무늬로 잘라 흰색 펠트 겉쪽에 박음질한다.

3. 전사지에 그림을 인쇄하고, 흰색 펠트 겉쪽에 다림질로 붙인다. 바탕 원단은 벨크로끼리 마주보도록 반 접어(눌러접는 것이 아니라 둥글게 그냥 둔다) 붙일 것이므로, 그걸 염두에 두고 전사한다.

4. 전구를 사이에 두고 벨크로끼리 붙인다.

5. 완성

2

2-1

3

4

5

줄리아 쉐프 인형
Chef Julia

내 방 선반 한 켠에 팔짱을 끼고 앉아있는 요리사 인형이에요.
원하는 요리를 뚝딱 해주는 쉐프 친구가 있으면 얼마나 좋을까 해서 만들어 보았어요.
부탁한다. 친구.

재료준비
원단, 펠트, 솜

재단하기
모자 – 16×16cm 2장 화이트 컬러 면
얼굴 – 16×10cm 2장 아이보리 컬러 면
몸통 – 16×14cm 2장 레드체크 면
팔, 다리 – 화이트 컬러 1mm 소프트펠트
머리카락 – 브라운 컬러 1mm 소프트펠트

실물크기 본 참조
부록에 있는 실물크기 본을
이용하여 팔, 다리는 시접을
더하지 않고 그대로 재단한
다. 몸판 부분은 재단하기 사
이즈를 보고 하거나 본을 이
용한다면 각각 시접을 1cm
더해 재단한다.

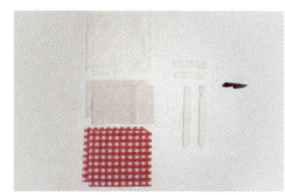

만들기

1. 모자, 얼굴, 몸통 부분 한 장씩을 겉끼리 마주대고 박음질해
   연결한다. 위쪽 시접은 모자쪽, 아래쪽 시접은 몸통쪽으로 보
   내고 겉에서 시접을 눌러 박음질한다. (연결된 선에서 시접
   보낸 쪽으로 1~2mm 들어가서 박음질한다)
   앞판 1장, 뒤판 1장이 나온다.

TIP 눈 코 입은 손으로 수를 놓았어
요. 천에 눈 코 입을 수놓아주니 왠
지 생명을 불어넣는 느낌이 들더라고
요. 한번 만들어보면 어떤 느낌인지
아실 거예요.

1

1-1

2. 앞판에 머리카락을 홈질로 고정한다. 눈, 코, 입은 박음질(손바느질)로 수놓는다.

　팔, 다리는 시침핀으로 고정시킨다.

3. 뒤판은 테두리에 1cm 시접을 먼저 그려주고, 사진처럼 모자쪽은 좁아지게, 몸통 아래쪽은 둥글

　려서 선을 그린다. 앞판과 뒤판을 겉끼리 마주대고 창구멍은 5cm 남기고 박음질한다.

　모자부분과 몸통부분의 시접은 사진 3-1과 같이 잘라낸다.

4. 창구멍으로 뒤집는다.

　솜을 넣는다. 솜을 적당히 넣었으면 창구멍을 공그르기로 막는다.

5. 완성

2

2-1

3

3-1

4

4-1

5

크리스마스 오너먼트
Christmas Ornament

크리스마스 분위기를 내보려고 트리 모양 오너먼트를 만들었습니다.
여러 가지 원단으로 만들어 달아놓으니 옹기종기 귀엽습니다.
큰 트리 대신 원단으로 만든 작은 오너먼트를 달고 크리스마스를 기다려봅니다.

재료준비
원단, 펠트, 단추, 끈, 솜

재단하기
윗부분 – 20×10cm 도트면
아랫부분 – 1.5×2.5cm 브라운 컬러 1mm 소프트펠트

실물크기 본 참조
윗부분은 20×10cm로 재단해 반 접어 부록에 있는 실물크기 본을 이용
해 그린다. 아랫부분은 시접을 더하지 않고 실물크기 본 그대로 재단한다.

만들기

1. 원단을 겉끼리 마주대고 반 접은 다음 원단용 수성펜으로 나무모양을
   그린다. 나무 윗부분에 고리끈을 끼워 넣고 그린 선대로 박음질을 한다.
   창구멍은 4cm 남기고 박음질한다.
2. 시접을 0.5cm 남기고 잘라낸다. 곡선부분에는 가위집을 넣는다.

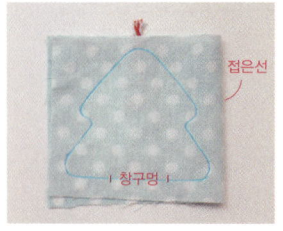

접은선

창구멍

1

1-1

2

3. 창구멍으로 뒤집는다.

4. 솜을 넣고 펠트를 끼워 넣은 후 창구멍은 박음질로 막는다.
   윗부분에 단추를 단다.

5. 완성

3

4

4-1

5

펠트 트레이
Felt Tray

도톰한 펠트로 원형 트레이를 만들었어요. 무채색 컬러에 핑크로 포인트를 주니 화사해졌습니다.
자주 보고싶은 물건을 올려두거나 현관 근처에 두고 열쇠를 올려놓아도 좋아요.
트레이 위에 솔방울, 화분 같은 계절 소품을 올려 테이블 한켠에 놓아보세요.

재료준비
펠트*, 핑크색실

재단하기
바닥 - 지름 26cm 원
옆판** - 87×3.2cm

실물크기 본 참조
부록에 있는 실물크기의 본을 이
용하여 시접을 더하지 않고 그대
로 재단한다.

*기본 틀은 3mm 펠트, 옆면을 장식한 형광
핑크 컬러는 1mm 펠트를 사용했다.

**옆판은 가지고 있는 펠트 크기에 따라 여
러번 나누어 재단해도 됩니다. 실물크기 본
을 참조하여 재단하세요.

만들기

1. 트레이 옆면이 될 부분을 연결한다. 겹치지 않게 맞춰놓고
   연결한다.
   재봉틀을 이용할 때는 지그재그로 박음질한다.
2. 연결한 옆면에 형광 핑크 컬러 펠트로 장식한다. 장식은 옆면
   위에 겹쳐두고 테두리를 박음질한다.
3. 장식이 끝난 옆면과 바닥 원을 버튼홀 스티치(p.12 참조)로
   연결한다.
4. 둘레를 연결하고 남은 부분은 잘라낸다.
5. 만나는 옆면을 손바느질로 연결한다.
6. 완성

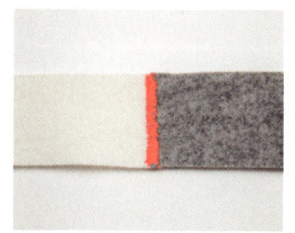

1

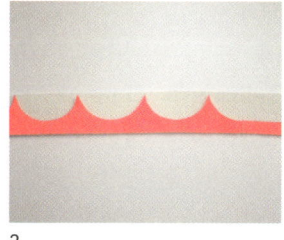

2

3

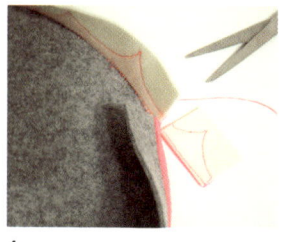

4

5

6

두루마리 휴지 파우치
Roll Tissue Pouch

책상 위나 방바닥에 두루마리 휴지가 굴러다니면 보기에 좋지 않죠.
그래서 휴지에 귀여운 옷을 입혀보았습니다.
휴지를 넣을 수 있는 사이즈로 스트링파우치를 만들기만 하면 끝!
테이블 위에 두고 사용해도 좋고, 끈을 걸어서 사용해도 좋아요.

재료준비
원단, 리본 테이프, 라벨

재단하기
25×28cm 2장 스트라이프 면
리본테이프 55cm 2개
라벨

만들기

1. 파우치 겉면 1장에 라벨*을 단다.
2. 원단 2장을 겉끼리 마주대고 시접 1cm 남기고 3면을 박음질한다.
   끈을 넣을 공간 5cm는 남겨놓는다.
3. 바닥의 폭이 11cm가 되도록 박음질한다. 옆선의 중심과 바닥선의 중심을 마주 댄다.
   마주 댄 중심선의 직각방향으로 박음질을 하는데 왼쪽 끝부터 오른쪽 끝까지의 길이가
   11cm가 되는 위치를 박음질한다.

1

2

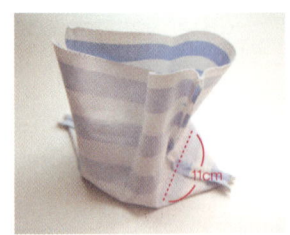

3

4. 뒤집은 후 윗단을 1+2(1cm 접고 또 2cm 접어)로 박음질한다.(p.33~35 미니 어닝 만들기 1+4 박음질 방법 참조)

5. 끈을 양쪽으로 끼운다.(Tip 그림 참조)

6. 휴지는 가운데 종이심을 빼고 파우치에 넣어 가운데 부분이 풀려 나오도록 사용한다.

7. 완성

▶TIP 끈 끼우는 방법

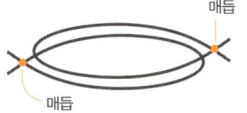

▶TIP 라벨*
보통 면 라벨의 두 변은 올이 풀리지 않게 마무리가 되어 있고 나머지 두 변은 올이 풀리게 되어있다. 풀리는 쪽을 0.5cm 정도 안쪽으로 접어 넣고 가장자리를 박음질한다.

4

5

6

6-1

7

여름 맞이 테이블 클로스
Table Cloth

덥고 무료한 여름, 테이블 위가 심심하다면
테이블 클로스를 만들어 깔아보세요.

여름은 무조건 시원해야죠!

블루바탕에 화이트 폴카도트무늬 원단으로 시원한 느낌의 테이블 클로스를 만들었어요.
만드는 방법은 아주 간단하지만 매트를 깔아두는 것만으로도 느낌이 달라집니다.
러너처럼 테이블을 가로질러 깔아도 되고 접어서 부분적으로 깔아도 좋습니다.

*원단을 준비하고 재단한 후 원단의 테두리 전체를 1+1(1cm 접고 또 1cm 접어)로 박음질하세요.
 (p.33~35 미니 어닝 만들기 1+1 박음질 방법 참조)
*여기서는 120×70cm 프린트 면으로 재단했어요.

시원한 무릎 덮개
Lap Robe

여름에 요긴한 무릎 덮개. 에어컨 바람이 찰 때 살짝 덮어도 좋고,
열대야의 밤에 배만 살짝 덮고 자기에도 좋아요.

재료준비
원단*
*얇은 면원단을 사용했는데 거즈나 더블거즈, 인견 등을 사용해도 좋아요.

재단하기
110×70cm 프린트 면

만들기

1. 원단의 가장자리를 1+1(1cm 접고 또 1cm 접어)로 박음질하세요.
   (p.33~35 미니 어닝 만들기 1+1 박음질 방법 참조)

TIP 무릎 덮개를 두 겹으로 만들고 싶다면 p.25~26의 티매트와 같은 방법으로 사이즈만 크게 해서 만들면 됩니다.

스트라이프 러그
Stripe Rug

묵직한 그린 스트라이프 캔버스 원단에 네온 핑크 원단으로 바이어스 처리해 러그를 만들었어요.
테이블에 깔거나 방바닥에 깔아도 좋고
피크닉 갈 때도 유용한 다용도 스트라이프 러그입니다.

재료준비
원단
바이어스 테이프(시중에 파는 접혀져 있지 않은 바이어스 폭 3.5cm)

재단하기
150×150cm 그린 스트라이프 캔버스 면
바이어스 7마

만들기

1. 사각으로 재단한 원단 가장자리 전체에 바이어스테이프를 박는다.
   모서리는 직각바이어스 처리한다. (p.102~103 바이어스 설명 참고)
2. 완성

1

1-1

2

바이어스

바이어스방향은 원단의 45도 방향을 말한다. 원단이 잘 늘어나는 방향이다. 바이어스는 원단의 끝 처리
를 할 때 많이 이용하는데 잘 늘어나기 때문에 곡선을 처리할 때도 좋다.

가장 많이 사용하는 바이어스는 폭이 3.5cm로 노루발의 너비에 맞춘 사이즈이다. 몸판과 같은 원단으
로 바이어스를 처리하거나, 내가 가진 원단으로 바이어스를 만들고 싶을 때는 재단해서 사용하기도 하
지만 기성 제품을 구입해서 사용하기도 한다.

직선 바이어스 감싸는 방법

1. 바이어스를 처리할 때는 원단
의 안쪽에서 시작한다.

바이어스의 겉과 원단의 안쪽을
마주대고 끝을 맞춘다.

노루발 너비

원단 끝을 노루발의 오른쪽 끝과
맞춰 노루발 너비로 박음질한다.

노루발 너비란 바늘에서 노루발
오른쪽 끝까지의 너비를 말한다.

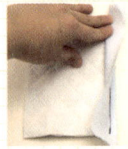

2. 박음질 선을 기준으로 바이
어스를 바깥쪽으로 꺾어 접
는다.

3. 몸판을 겉이 보이도록 뒤집
는다.

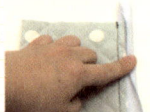

4. 바깥쪽으로 보이는 바이어
스 부분을 반으로 접는다. (2
등분)

5. 4에서 접은 부분을 몸판 쪽으
로 접는다.
접은 선이 몸판의 박음질선을
살짝 덮도록 접는다. (1mm 정
도 겹치도록)

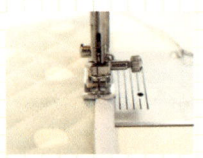

(뒷면)

6. 박음질 선을 덮은 쪽 바이
어스의 끝에서 테두리쪽으
로 1~2mm 들어가서 박음
질한다.

직각 바이어스 감싸는 방법

기본적인 것은 직선 바이어스와 같은데 직각부분을 바이어스로 감싸는 방법을 알아보자.
사각형의 테두리를 바이어스로 감쌀 때 시접 마무리가 중요한데, 그 과정을 자세히 소개한다.

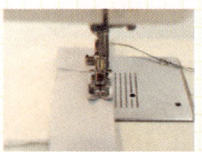

1. 끝부분을 2~3cm 접어서 시작한다.

2. 노루발 너비로 박음질을 하다가 몸판원단의 끝에서 노루발 너비(0.8cm)만큼 안쪽으로 바이어스에 표시한다.

3. 표시한 곳까지 박음질한다.

4. 방향을 사진과 같이 돌린다. 접은 선이 사선이 되도록 바이어스를 90도로 접어 올린다.

5. 접은 선 끝이 몸판의 끝에 맞도록 바이어스를 다시 180도 접어 내린다. 바이어스의 옆선을 몸판의 옆선과 맞춘다.

6. 노루발 너비로 박음질을 하고, 또 다음 모서리에서 노루발 너비(0.8cm)만큼 안쪽으로 바이어스에 표시한다.

박은 후 모습. 나머지 모서리도 똑같이 반복한다.

7. 마지막 변을 박음질하기 전, 바이어스를 처음 접었던 바이어스의 끝보다 조금 더 길게 자른다.

8. 박음질한다.

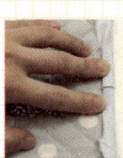

9. 바이어스를 펼친다.

10. 몸판을 뒤집는다.

11. 모서리를 접을 때는 사진과 같은 순서로 접는다.

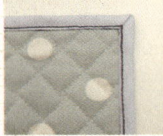

나중에 박음질할 변을 접은 다음, 먼저 박음질할 변을 그 다음에 접는다.

12. 접은 선에서 1~2mm 테두리쪽으로 들어가서 박음질한다.

테이블 클로스
Table Cloth

겨울이 다가오면서 하얀 책상 위를 좀 따뜻하게 하고 싶어서
따뜻한 소재와 색감의 테이블 클로스를 만들었습니다.
가로 혹은 세로로 펴거나 접어서 다양한 형태로 사용할 수 있습니다.
차갑게 느껴졌던 테이블이 따뜻한 느낌이 되었어요.

재료준비
원단
와펜

재단하기
110×70cm 체크 모직

만들기

1. 원단의 가장자리 전체를 1+1(1cm 접고 또 1cm 접어)로 박음
   질한다.(p.33~35 미니 어닝 만들기 1+1 박음질 방법 참조)
2. 클로스 모서리 부분에 와펜을 단다. 와펜의 테두리에서
   1~2mm 안쪽으로 들어가서 박음질하면 완성.

> **TIP** 와펜 Wappen
> 독일어로 '문장'이란 뜻. 주로 재킷의
> 가슴이나 모자 등에 다는 방패모양의
> 장식 등을 말합니다. 펠트 등에 자수
> 를 한 것이 많습니다.

1

2

얼굴 모양 러그
Rug

바닥이 슬슬 차가워지는 가을, 따뜻한 털 원단으로 러그를 만들어 온기를 느껴봅니다.
두께감 있게 만들어 바닥의 찬 기운이 느껴지지 않도록
앞면은 털 원단, 뒷면은 누빔된 미끄럼 방지 원단을 사용했습니다.

재료준비
털 원단
누빔 원단
눈 코 잎 장식할 펠트

재단하기
앞판 – 지름 70cm원, 인조 털 원단
뒤판 – 지름 70cm원, 미끄럼방지 누빔 원단
눈코 – 지름 5cm, 1mm 소프트 펠트
입 – 9×2.5cm, 1mm 소프트 펠트

실물크기 본 참조
부록에 있는 실물크기 본이 1/4
이므로 1/4씩 본을 옮겨가며 그
린다. 이때 시접을 1cm 더해 재단
한다. 장식은 시접을 더하지 않고
본 그대로 재단한다.

만들기

1. 앞판 털 원단에 눈 코 입 장식 펠트를 배치하여 박음질한다.
2. 앞판과 뒤판 원단을 겉끼리 마주대고 창구멍 15cm를 남긴다.
   시접 1cm를 남기고 박음질한다.

TIP 눈 코 입을 달아 재미를 주었어
요. 눈 코 입의 위치에 따라 느낌이 달
라지므로 맘에 드는 표정으로 만들어
보세요. 얼굴 모양이라 의자를 올려
놓거나 발을 올려놓을 때 미안하다는
게 단점이라면 단점!

1

앞판(안)
뒤판(겉)

2

2-1

창구멍

3. 창구명으로 뒤집는다.

4. 창구명을 공그르기로 막는다.

5. 완성

3

4

5

포근포근 방석
Sitting Cushion

가을이 오니 플라스틱 의자가 차갑게 느껴지네요.
그래서 귀엽고 포근한 방석을 만들어 보았어요.
앞판엔 브라운 컬러의 원단을, 뒤판엔 미끄럼방지 원단을 사용했습니다.

재료준비
원단, 솜

재단하기
앞판 – 45×45cm 브라운 컬러 옥스퍼드 면
뒤판 – 45×45cm 미끄럼 방지 누빔 원단

실물크기 본 참조
부록에 있는 실물크기 본을 이
용하여 시접을 0.5cm 더해 재
단한다. 본이 1/2이므로 반을 먼
저 그린 후 가운데 선을 기준으
로 뒤집어 나머지 반을 그린다.

만들기

1. 앞판과 뒤판 테두리의 올이 풀리지 않도록 지그재그나 오버
   록 처리한다. 원단을 겉끼리 마주댄다.
2. 창구멍 10cm 남기고 시접 0.5cm로 박음질한다.
3. 창구멍으로 뒤집는다.

TIP 안쪽에 솜을 넣었는데, 앞판 뒤
판을 모두 누빔 원단으로 만들고 솜
을 넣지 않고 사용해도 괜찮습니다.

1

3

3-1. 창구멍을 남기고 뒤집은 상태.

4. 솜을 넣어 평평하게 만든다.

5. 공그르기로 창구멍을 막는다.

6. 완성

3-1

4

5

6

계란 프라이 쿠션
Sunny side up Cushion

둥근 흰색 쿠션속을 보다가 생각난 계란 프라이.
흰색 원단에 노란색 체크원단으로 장식해 계란 프라이를 만들었습니다.

재료준비

원단

쿠션속 – 지름 50cm 둥근 쿠션속

실물크기 본 참조

부록에 있는 실물크기 본이 1/4이므로 1/4
씩 본을 옮겨가며 그린다.

재단하기

앞판 – 52×52cm 화이트컬러 면

뒤판A – 52×35cm 화이트컬러 면

뒤판B – 52×36cm 화이트컬러 면

앞판장식 지름 – 17cm원. 옐로체크 면

*앞판과 뒤판은 재단 사이즈를 참고해 사각형으로 재단한다. 마지막 앞,뒤
판을 마주대고 박음질할 때 실물크기 본을 참조해 원형으로 그리고 박음질한다.

만들기

1. 앞판 겉면 중앙에 앞판 장식−옐로체크 원을 시침핀으로 고정시켜두고 테두리를 지그재그로 박
   음질한다.(옐로체크 원단은 뒷부분에 심지를 붙이면 원단에 고정하기가 쉽다)

   만드는 방법은 p.44~46의 노란 방석과 같다. 마지막 박음질을 사각형이 아닌 원형으로 박음질
   하면 된다. 지름 50cm 원을 그려 박음질한다. 시접은 1cm만 남기고 나머지 부분은 잘라낸다.
   테두리를 오버록이나 지그재그로 처리한다.

2. 완성

1

1-1

2

물방울 모양 쿠션
Cushion

네모 쿠션들 사이에 두면 포인트가 되는 물방울 모양의 쿠션을 만들었습니다.
원하는 모양으로 재단해서 테두리를 박음질하고 솜을 채워 창구멍을 막으면 쉽게 완성할 수 있어요.
위쪽에 고리를 달아 세탁하고 말리기도 편하고 벽에 걸어 장식할 수도 있답니다.

재료준비
원단, 라벨, 컬러끈, 솜

재단하기
앞판 – 37×54cm 프린트 면
뒤판 – 37×54cm 화이트컬러 면
리본테이프 – 36cm

실물크기 본 참조
부록에 있는 실물크기 본을 이용하여
시접을 1cm 더해 재단한다. 본이 1/2
이므로 반을 먼저 그린 후 가운데 선을
기준으로 뒤집어 나머지 반을 그린다.

만들기

1. 두 장을 같은 사이즈로 재단하고, 장식(노란색 리본테이프와
   라벨)은 핀으로 고정한다.
2. 물방울 모양으로 재단한 천 두 장을 겉끼리 마주대고 창구멍을
   10cm 남긴 후 시접 1cm를 남기고 박음질한다.

1

2

3. 창구멍으로 솜을 채워넣는다.

4. 창구멍을 공그르기로 막는다.

5. 완성

3

4

5

엉클조 쿠션

Cushion

소파와 거실의 분위기를 바꾸고 싶을 때 쿠션에 주목하세요.
재미난 얼굴 표정을 짓고 있는 엉클조 쿠션을 만들어 보았어요.
팔과 다리를 달고 모자 양쪽에 동글 장식을 달았습니다.

재료준비
원단, 쿠션속－40×40cm 사각속
펠트 장식들 (원, 팔, 다리, 수염)
스탬핑한 라벨

실물크기 본 참조
몸판은 재단하기 사이즈대로 재단하
고 장식들은 부록에 있는 본을 이용
하여 시접을 더하지 않고 그대로 재
단한다.

재단하기
앞판 A – 42×17 – 레드체크 면
앞판 B – 42×27 – 화이트컬러 면
뒤판 A – 42×30 – 화이트컬러 면
뒤판 B – 42×26 – 화이트컬러 면

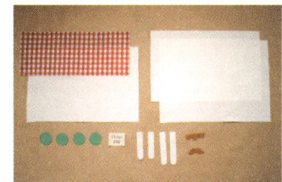

만들기

1. 앞판 A, B를 겉끼리 마주대고 시접 1cm로 박음질해 연결하고, 그 시접을 함께 오버록한다. 시
   접을 위쪽으로 보내 겉에서 시접을 눌러 박음질한다. 연결된 선에서 시접 보낸 쪽으로 1~2mm
   들어가서 박음질한다. 눈과 코를 패브릭펜으로 그리고 머리카락과 수염 펠트는 홈질로 단다.
   팔, 다리, 라벨을 적당한 위치에 핀으로 고정시킨다.

1

1-1

TIP 쿠션을 같은 사이즈, 같은 프린
트로 만들면 통일감 있고 깔끔한 분
위기를 연출할 수 있어요. 크기와 프
린트를 달리하면 활기를 띠고 다채로
운 분위기를 낼 수 있답니다. 원하는
스타일의 쿠션을 만들어 나만의 분위
기를 연출해 보세요.

2. 뒤판의 표시한 부분을 1+1(1cm 접고 또 1cm 접어)로 접어박기 한 후 10cm를 겹치게 둔다. (넓은 쪽이 위로 올라오도록)

3. 앞판과 뒤판을 겉끼리 마주대고 가장자리는 시접 1cm를 남기고 박는다. 올이 풀리지 않게 테두리는 오버록이나 지그재그로 함께 처리한다.

4. 쿠션의 아래 양쪽 모서리 부분에 바닥을 잡는다.
   옆선의 중심과 바닥의 중심을 겉끼리 마주대고 바닥의 폭이 8cm가 되도록 박음질한다. 마주댄 중심선의 직각방향으로 박음질을 하는데 왼쪽 끝부터 오른쪽 끝까지의 길이가 8cm가 되는 위치에 박음질한다. (반대쪽도 같은 방법으로 한다.)

5. 뒤집은 후 모자 양쪽 모서리부분에 둥근 펠트 장식을 단다.
   두 장을 겹쳐 홈질을 하다가 2cm 정도 남았을 때 모서리에 끼우고 함께 홈질한다. (반대쪽도 같은 방법으로 한다.)

6. 안에 쿠션속을 넣으면 완성

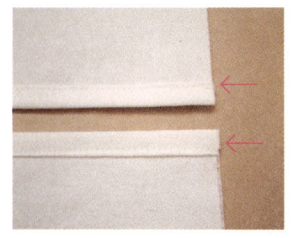

2

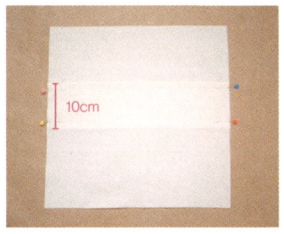

2-1

3

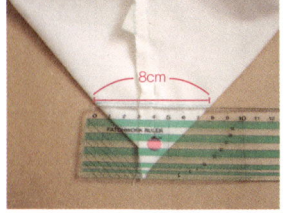

4

5

6

실내화
Slippers

맘에 쏙 드는 원단으로 만들어 실내화 바닥을 붙여주면 쓰임새 좋은 실내화 완성.
한 번 신기 시작하면 끊을 수 없는 실내화의 매력을 아시나요?
한여름 방바닥에 발이 달라붙을 때도 좋고, 겨울에 발이 시릴 때도 좋아요.

재료 준비
도톰한 원단(누빔 원단도 좋다.)
바이어스(접혀져 있지 않은 기성품 바이어스. 폭 3.5mm)
라벨
실내화 바닥(sunquilt.com에서 구입, 성인용)

재단하기
50×50 스트라이프 캔버스 면
바이어스 3마

실물크기 본 참조
부록에 있는 실물크기 본을 이용하여 시접을 더하지 않고 발등 2장, 발바닥 2장을 그대로 재단한다.

만들기

1. 발등 원단의 아래 입구쪽에 바이어스 처리를 하고 2cm 간격으로 두고 라벨을 단다.
2. 발바닥 원단과 발등 원단이 만나는 부분은 시침핀으로 고정한 다음 지그재그로 박음질한다.

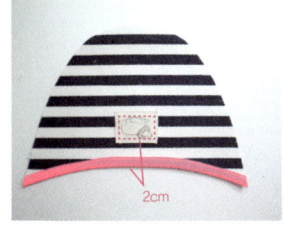

2cm

1

2

TIP 라벨
보통의 면 라벨의 경우 두 변은 마무리가 되어 있고 나머지 두 변은 원단이 풀리게 되어 있어요. 풀리는 쪽을 0.5cm 정도 안쪽으로 접어넣고 가장자리를 박음질하세요.

3. 실내화 가장자리는 바이어스 처리를 한다.(시작과 끝부분
   처리를 잘해야 한다. 바이어스 처리 p.102~103 참조)
4. 준비해 둔 실내화 바닥은 글루건으로 붙인다.
5. 완성

TIP 만든 실내화가 실내화 바닥보
다 조금 큽니다. 바닥을 적당히 중앙
에 배치해서 움직이지 않도록 잘 잡
고 한쪽 끝부터 붙여나갑니다. 글루
가 금방 굳기 때문에 조금씩 붙여 완
성합니다.

시작지점

3

4

5

서랍장 가리개
Closet Cover

겨울을 맞아 오래 사용해온 서랍장에 옷을 입혀 주었습니다.
"Bonjour Mademoiselle" 이라고 재봉틀로 수를 놓았어요.
위쪽에는 레드 스트라이프 원단을 사선방향으로 사용하여
크리스마스 느낌으로 장식했어요.

재료준비
원단

재단하기
장식 – 앞 61×15cm 레드 스트라이프 면
　　　 뒤 61×15cm 무지 광목 면
바탕 – 63×119cm 무지 캔버스 면

*가리고 싶은 사이즈에 시접을 더
해 원단을 재단한다. 나의 경우 가
릴 부분은 58.5×116, 가리개 완성
사이즈는 59×115cm이다.

만들기

1. 장식 원단 두 장을 겉끼리 마주댄 다음 아래쪽 세 변을 시접
   1cm 남기고 박음질한다. 그리고 뒤집어 다림질한다.
2. 바탕 원단의 아래쪽 세 변을 접어박기하는데 양옆은 1+1(1cm
   접고 또 1cm 접어)로 박음질하고, 아래쪽은 1+2(1cm 접고 또
   2cm 접어)로 박음질한다. (p.33~35 미니 어닝 만들기 1+1
   박음질 방법 참조)

TIP 직선 스트라이프 원단을 사선
방향으로 사용하고 싶다면 원단의 45
도 방향으로 재단하면 됩니다. 45도
방향이 늘어나는 방향이므로 박음질
할 때 주의해야 해요.

1

1-1

2

3. 사진과 같이 장식 원단과 바탕 원단의 윗변을 함께 시침핀으로
   고정한다. 시접 1cm로 박음질하는데 바탕 원단은 안쪽이
   위로 향하게 두고, 장식 원단도 안쪽이 위로 향하게 둔 상태로
   윗변을 박음질한다.
   시접이 풀리지 않도록 함께 오버록 또는 지그재그 처리한다.
   바탕 원단을 겉이 보이도록 뒤집는다. 그리고 장식 원단도 겉
   이 보이도록 뒤집어 다림질한다.
4. 원하는 글씨를 종이에 프린트해서 원단용 수성펜으로 글씨를
   원단에 옮겨 그린다. *
5. 재봉틀에 자수노루발을 끼우고 원단을 움직여가며 글씨를
   완성한다.
6. 압정으로 고정한다.
7. 완성.

▶TIP *빛이 들어오는 창문에 글씨를 붙이고 그 위에 원단을 대면 붙인 글씨가 비쳐 보입니다. 글씨를 원단에 원단용 수성펜으로 옮겨 그리면 됩니다.

3

3-1

4

4-1

5

5-1

6

7

책장 장식
Bookcase Decoration

꽉 차서 답답해보이던 책장에 변화를 주었어요.
안보는 책을 정리해서 책장 한 칸을 비운 후 뒤쪽 면에 옐로+아이보리 조합의 프린트 원단을 붙였습니다.
앞쪽엔 자꾸 보고 싶은 조카의 사진, 솔방울, 초를 두었습니다.
답답해보였던 책장이 숨이 트여 보이기도 하고 기분 좋은 뷰가 됐어요.

재료준비
원단
접착심지(힘 있는 것으로 준비)

재단하기
바탕 – 37×31.5cm 옐로 지그재그 옥스퍼드
접착심지 – 37×31.5cm

만들기

1. 원단만으로는 힘이 없을 것 같아서 빳빳하게 만들기 위해 접착심지를 준비한다. 접착심지의 접착알갱이가 묻어있는 쪽을 마주댄다.
2. 다리미로 눌러서 접착시킨다.
3. 원단 뒤쪽에 딱풀을 발라 책장 뒷면에 붙인다.

> **TIP** 책장 뒷면 사이즈보다 조금 작게 재단하세요. 여기에서 책장 뒷면은 37.5×32이고 장식 완성 사이즈는 37×31.5cm입니다.

1

3

4. 사진이나 엽서 등을 활용해 다양하게 코디해 본다.

5. 완성

4

4-1

5

화이트 도트 앞치마

Apron

요리와 설거지를 할 때, 또는 원단 재단이나 바느질을 할 때 앞치마를 사용합니다.
앞치마를 하면 오염으로부터 자유로워져 작업에 더 집중할 수 있어요.
시원하고 산뜻한 느낌의 네이비와 화이트도트 원단으로 만들어 보았습니다.

재료준비
원단, 리본 테이프, 라벨

재단하기
몸판 – 86×70cm 화이트도트 면
주머니 – 16×17cm 화이트도트 면
목끈 – 50cm 1개
허리끈 – 80cm 2개

실물크기 본 참조
86×70cm 사각형을 그린 뒤 부록에
있는 실물크기 본을 이용하여 곡선을
그린다. 왼쪽 모서리에 본을 대고 곡선
을 그린 후 본을 가로로 뒤집어 오른쪽
모서리에 대고 곡선을 그린다. 주머니
는 시접을 더하지 않고 본을 이용해 그
대로 재단한다.

만들기

1. 앞치마에 달 주머니를 만든다.

   테두리를 오버록이나 지그재그로 처리한 후 윗부분을 1+1
   (1cm 접고 또 1cm 접어)로 박음질한다.

   나머지 3면은 시접 1cm를 안으로 접어 다림질한다.

TIP 목과 허리끈의 길이는 착용하
는 사람의 사이즈에 따라 변경하세요.

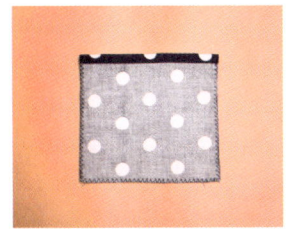

1

1-1

2. 앞치마 밑단과 진동 부분의 곡선을 1+1(1cm 접고 또 1cm 접어)로 박음질한다.

   *진동부분의 곡선은 미리 다림질로 접어 다린 후 박음질하는 것이 좋다.

3. 윗단과 양 옆쪽도 역시 1+1(1cm 접고 또 1cm 접어)로 박음질한다. 이때 목 끈과 허리 끈을 끼워넣는다.

   *두번째 1cm 접을 때 끼워넣는다.

4. 목 끈과 허리 끈을 바깥으로 향하게 한 뒤 박음질로 튼튼하게 고정시킨다.

5. 앞치마에 주머니 위치를 잡고 아래 3면을 박음질한다.

6. 라벨을 단다.

7. 허리끈의 끝은 0.5+0.5(0.5cm접고 또 0.5cm 접어)로 박음질한다.(p.33 미니 어닝 만들기 1+1 박음질 방법 참조)

8. 완성

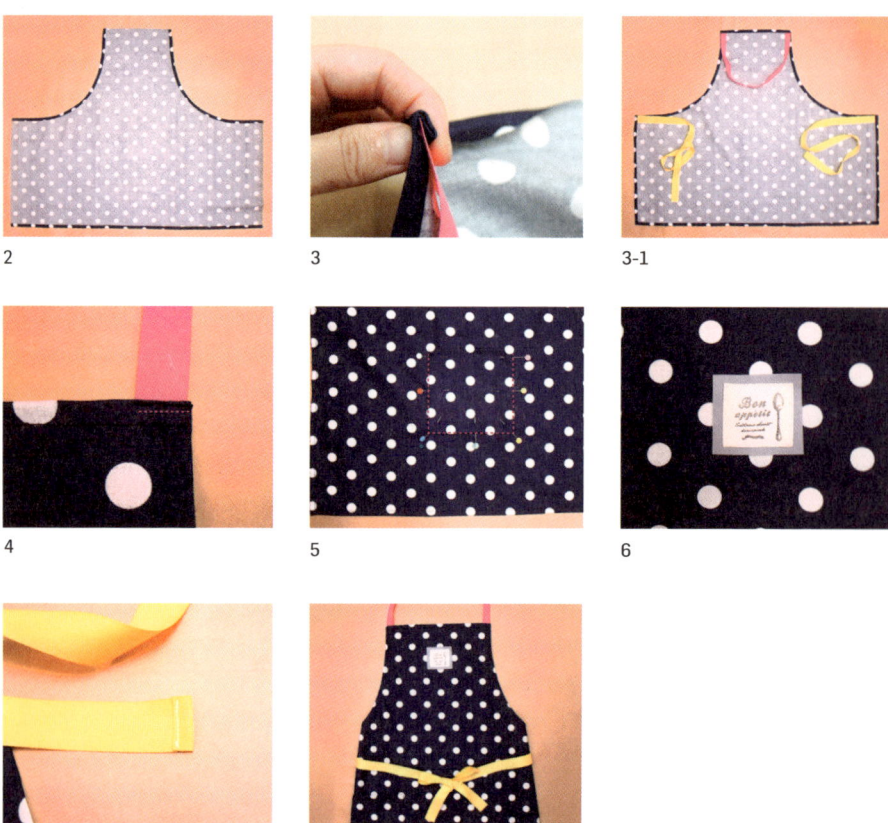

2

3

3-1

4

5

6

7

8

커튼
Curtain

커튼을 새로 만들었어요. 부엌과 관련된 것들을 좋아해 글씨(KITCHEN)를 장식해 보았어요.
글씨와 작은 조각은 모두 펠트를 이용했습니다.
작은 조각은 요리 재료들이에요. 시금치 푸실리 보이시나요?
I'm lovin it!

재료준비
원단
레이스
펠트(1mm 소프트펠트)
리본테이프

재단하기
A – 150×125cm 화이트컬러 면
B – 30×125cm 네온핑크컬러 면

실물크기 본 참조
부록에 있는 실물크기 본을 이용하여 장식은
시접을 더하지 않고 그대로 재단한다.

만들기

1. 바탕 원단 A와 B를 먼저 연결한다. 두 장을 함께 지그재그
   나 오버록으로 처리하고 시접을 한쪽으로 보내 겉에서 눌러
   박음질한다.(연결된 선에서 시접 보낸 쪽으로 1~2mm 들어
   가서 박음질한다) 가장자리를 1+1(1cm 접고 또 1cm접어)로
   박는다.
2. 본을 이용하여 재단해둔 장식을 여기저기 배치해보며 어울리
   는 자리를 찾는다.

> **TIP** 창문 크기보다 가로와 세로에
> 여유를 두어 자릅니다.
> 화이트면이 모자라서 그 부분에 네온
> 핑크 원단을 덧대어주었어요. 원단 1장
> 으로 쉽게 만들 수도 있어요. 가장자
> 리만 1+1로 박음질 하세요. 좋아하는
> 프린트의 원단을 사용한다면 굳이 어
> 렵게 만들지 않아도 충분히 괜찮아요.

1

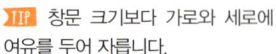

2

2-1

3. 커튼을 접어 글자 부분을 박음질하기 편하게 만든 후 박음질한다. 나머지 장식들도 박음질한다.

4. 완성

TIP 여기에서 창문 크기는 150×110cm이고 커튼의 완성 크기는 174×121cm다.

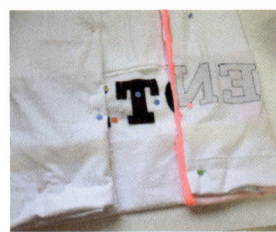

3

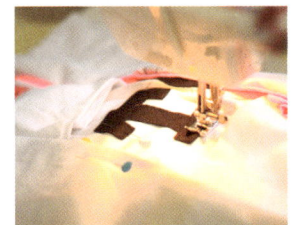

3-1

4

패치워크 커튼
Patchwork Curtain

자투리 원단을 패치한 다음 펠트와 글씨로 장식해 커튼을 만들었습니다.
비슷한 컬러이지만 톤이 다른 원단을 패치하니 은은한 느낌이 좋습니다.
그 위에 컬러 펠트를 흩뿌리듯 장식해 주었어요.
커튼으로, 가리개로 사용해도 좋아요.

재료준비
자투리 원단들
여러 가지 모양으로 자른 펠트
리본테이프
*글씨는 종이에 인쇄해 자른 후
펠트에 대고 그려 잘라 준비한다.

재단하기
연결하고 잘랐을때 140×190cm
리본테이프 – 너비 1.5cm 길이 40cm 5개

만들기

1. 원단을 오른쪽 세로선을 기준으로 맞춰 패치워크한다. 길이가 들쭉날쭉한 왼쪽 세로선은
   정리해 자른다.(자세한 설명은 p.134에 있어요.)
2. 가장자리는 1+1(1cm 접고 1cm 접어)로 박음질한다.(p.33~35 미니 어닝 만들기 1+1 박음질
   방법 참조)

1

2

3. 커튼 윗부분에 리본테이프를 달아준다.

　리본테이프는 반을 접어 커튼 윗부분 사진의 붉은색 실선에 박음질하고 리본의 끝부분은 0.5+0.5(0.5cm접고 또 0.5cm 접어)로 박음질한다.

4. 글씨와 펠트 장식들은 시침핀으로 원하는 위치에 배치해보고 어울리는 자리에 박음질한다.

5. 완성

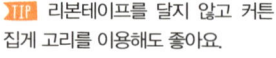
TIP 리본테이프를 달지 않고 커튼 집게 고리를 이용해도 좋아요.

3

4

5

패치워크 하는 방법

① 자투리 원단을 가로로 한 줄씩 먼저 만든다. 〈그림 1〉

시접 1cm로 연결하고, 연결한 시접 끝처리는 두 장을 함께 지그재그나 오버록 처리한다.

시접을 한쪽으로 보내고 겉에서 시접을 눌러 박음질한다.(연결된 선에서 시접 보낸 쪽으로 1~2mm 들어가서 박음질한다)

〈그림1〉처럼 연결하고 시접을 정리한 후 들쭉날쭉한 쪽은 잘라 정리한다.

② 가로줄을 다 만들면 세로로 연결을 하고 거기서 생긴 시접도 지그재그나 오버록 처리한다. 시접을 한쪽으로 보내 겉에서 눌러박는다. 모두 연결하면 들쭉날쭉한 쪽을 잘라 정리한다. 〈그림 2〉

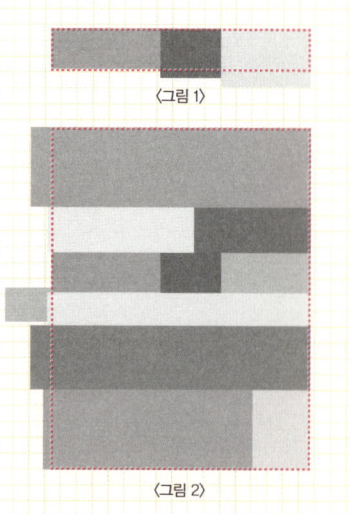

〈그림 1〉

〈그림 2〉